BORN AGAIN

본 어 게 인

신의 생명으로 다시 태어나다

신의정원
Sacred Garden

신 의 생 명 으 로 다 시 태 어 나 다　　　**본 어 게 인**

김 리 아 著

신의정원

본 어게인,
신의 생명으로 다시 태어나다

제1판 제1쇄 2022년 2월 8일

지은이 김리아
펴낸곳 신의 정원
기획편집 성현철 백순애
편집디자인 박찬우 서 광
교정교열 박혜원 신수현 이둠밈
이북 홍영환
그 외 복음을 사랑하는 이들의 기도와 봉사로 이 책이 만들어졌습니다.

등록번호 제 2021-000009호
주소 서울시 강서구 마곡중앙6로 11, 보타닉파크타워 3 B107
전화 02-2644-5121
SNS @_sacred_garden

ISBN 979-11-973449-8-5

BOR
NAG
AIN

BOR
NAG
A I N

Prologue

이게 아닌데

깨어 있지 않으면
우리의 지평은 물(物)의 감옥과 동일시된다.

우리는 항상 바다가 아닌
자신의 어항을 만들고 싶어 해.
그러나 부딪치고 나서야 비로소 알게 되지.
우리가 만든 세상이
좁고 인공적이라는 걸.

김용택 시인의 《쓸쓸하고 쓸쓸하여 사랑을 하고》 중에서 '그랬다지요' 라는 시가 있습니다.

이게 아닌데

이게 아닌데

사는 게 이게 아닌데

이러는 동안

어느새 봄이 와서 꽃은 피어납니다

이게 아닌데

이게 아닌데

그러는 동안 봄이 가며

꽃이 집니다

그러면서,

그러면서 사람들은 살았다지요

그랬다지요

이 시대의 소리꾼 장사익 님이 이 시를 노래로 불렀습니다. 그 노래를 처음 들은 날 저는 엉엉 울었습니다. '그래, 정말 사는 게 이게 아닌데… 내가 이렇게 살고 싶은 게 아니었는데… 이렇게 악다구니를 쓰며 살면서, 무엇 하나 제대로 이룬 것도 없이, 그렇다고 고귀하게 살지도 못하는 이런 삶을 살고 싶지는 않았는데…'

이 노래를 정말 가슴 아프도록 절절하게 부르는 장사익 님은 46세가 될 때까지 노래 부르는 사람이 아니었답니다. 세상에나! 그렇게나 노래를 잘하는 사람이 오십이 다 될 때까지 자기가 정말 원하는 삶을 살지 못했다는 것입니다. 그래서인지 '이게 아닌데, 이게 아닌데…' 하면서 절규하는 그의 노래에는 애절하게 가슴을 파고드는 서정이 담겨 있습니다.

'이게 아닌데…'

많은 하나님의 사람들이 이 멈춤의 신호를 알아듣는 것으로부터 새로운 삶을 시작했습니다. 평범한 고등학교 교사였던 테레사 수녀를 위대한 돌봄의 어머니로 부른 소리, 화석화된 종교의 틀에 갇혀 숨 막히는 무지 속에 온 교회가 헤매고 있을 때 개혁자 루터를 부른 소리, 나를 나답게 하는 소리, 이기심에 닫힌 눈을 뜨게 하는 소리.

'이게 아닌데…'

문득 우리를 가리고 있던 눈의 비늘이 벗겨지면서 우리의 삶에 새로운 질문들이 생겨납니다. 물음은 언제나 자기 삶의 의미를 찾게 하는 첫걸음이기 때문이지요.

나는 누구인가?

나는 지금 어디 있는가?

여기가 어디인가?

나는 왜 살고 있는가?

나는 지금 여기 왜, 무엇이 되어 나타났는가?

하나님이시요 그리스도이신 성령님은 지금 이곳에 어떤 얼굴로,

왜 나타나셨는가?

깨어 있지 않으면 우리의 지평은 물(物)의 감옥과 동일시됩니다. 내가 만든 감옥, 세계가 만든 감옥에 말이지요. 그러나 깨어난 것은 더 이상 우리를 좌지우지 하지 못합니다. 자기가 누구인지 모른 채 사는 것은 생명에 대한 모독이요, 우리를 가장 복된 형상으로 지으신 하나님에 대한 모독입니다.

이 질문들에 대답하면서 살아가는 사람은 자신의 삶에 대해 진지합니

다. 감사합니다. 흥이 납니다. 일할 때 힘이 들지 않습니다. 날이 가고 해가 가니 소문이 납니다. 여러분이 하는 일은 이렇게 절절하게 감사한가요? 재미있나요? 이 지구별에 온 소명이 무엇인지 밝혀지고 있나요?

 어떤 이는 자신이 원하는 것만을 추구하는 차원을 넘어 세계를 향한 해방과 구원이라는 더욱 큰 비전을 가지기도 했습니다. 마틴 루터 킹 (Martin Luther King Jr.)은 '우리는 행복하기 위해서가 아니라 소명대로 살기 위해서 이 땅에 태어난 것'이라고 말했습니다. 그의 꿈은 그저 자기실현에 머무는 것이 아니라 하늘이 그 시대 속에서 원하는 하늘의 꿈과 연결되어 있었습니다. 그래서 그가 말할 때는 온 우주가 화답하였고, 사람들은 자기를 옥죄는 운명의 굴레에서 벗어나 자유를 꿈꾸며, 용기를 내어 자기가 하고 싶었던 일을 찾아 그 꿈에 자신을 던졌던 것입니다.

 그렇습니다. 우리에게는 존재 이유가 있습니다. 그 일을 하면 힘이 들어도 신이 나고 일은 저절로 잘 되고, 함께 하는 사람들은 영혼이 깨어나는 복을 받습니다. 우리는 그것을 소명 자리(Calling Locus)라고 부른답니다.

 살다 보면 삶에 대한 불꽃이 사그라지거나 아예 꺼지기 직전일 때가 있습니다. 살아야 하니 먹고, 피곤하니 자고, 남들 학교 가니 공부하고, 돈을 벌어야 하니 토익 공부하고, 학점 잘 받아서 직장에 다니고, 남들 결혼하니 결혼하고, 빚을 갚아야 하고, 자식 키우고, 집 한 채 마련하기도 점점 힘이 드는데 집값은 천정부지로 치솟고… 그렇게 살다 보니 내가 왜 사는지, 왜 살아야 하는지 잊어버립니다. 마음의 불은 완전히 꺼져 버려서 삶은 깜깜하고 차갑습니다. 왜 그런지 모르게 마음이 공허합니다.

이 책에서는 오래된 이야기, 너무나 익숙해져서 빛을 잃은 복음 이야기, 전혀 새로운 것이 없어 사건이 일어나지 않는 복음 이야기를 원래의 생명 이야기로 바꾸고자 합니다. 책의 각 장 뒤에는 '어웨이크닝 포인트 (Awakening Point)'를 적어두었습니다. 자기 안의 발현이 아니라 전혀 다른 낯선 경이로움이 내 안에서 깨어나고, 우리에게 주신 생명의 선물이 기지개를 켜며, 모든 종교적 편견을 가르고 예수 생명의 큰 힘이 깨어나는 계기가 되기를 바랍니다.

이 책이 우리의 삶을
복음이 가진 이야기로 더욱더 생생하게 깨어나게 하고,
사는 것 같이 사는 힘을 줄 수 있기를 기대합니다.

– 새롭게 태어날 세상을 꿈꾸며, 김리아

BORN AGAIN

Chapter 1 | 이 복된 인생

내가 진실로 진실로 너희에게 이르노니 나를 믿는 자는 내가 하는 일을 그도 할 것이요 또한 그보다 큰 일도
하리니 이는 내가 아버지께로 감이라 ▌요한복음 14장 12절

1. 제발 잘 살아다오

사는 것처럼 살아야
복된 삶입니다.

누구나 복되고 형통하게 살고 싶어 합니다. 복되게 산다는 것은 무엇일까요? 우선 사는 것 자체가 복입니다. 죽고 나면 모든 좋은 것도, 애태웠던 일들도 다 소용이 없으니까요. 또 사는 것처럼 살아야 복된 삶입니다. 예수님께서 우리에게 이미 그러한 삶을 약속해 주셨습니다. 우리는 그 영원한 생명, 풍성한 생명을 누리며 사는 자입니다.

사는 줄 알지만 죽어가고 있는 거야

사람들은 누구나 삶을 살아가고 있다고 생각하지만, 실은 지금 이 순간에도 죽어가고 있습니다. 역설적이지만 분명한 사실입니다. 사람은 세상에 태어난 순간부터 죽음을 향한 시간 속에 놓여 있게 됩니다. 주님은 죽음을 향한 시간 속에 있는 우리에게 영원한 생명을 주시러 오신 분입니다. 여기서 영원한 생명을 주신다는 것은 '크로노스(Kronos)', 즉 갇힌 시간을 길게 연장해서 산다는 뜻이 아닙니다. 천국을 그저 오래 사는 것으로 생각하는 이들은 너무 지겨울 것 같아서 가기 싫다고 반응하기도 하지만, 천국은 그런 곳이 아닙니다. 영원이란 그저 긴 시간을 의미하지 않습니다. 영원은 하나님으로부터 온 시간, 즉 '카이로스(Kairos)'의 영원한 생명이 흐르는 시간입니다.

우리는 두 가지 시간 중 하나를 선택하며 살아갈 수 있습니다. 하루하루 죽어가는 삶인지, 매일매일 영원한 생명을 쌓으면서 사는 삶인지를 말입니다. 하나님을 뜨겁게 사랑하며 생명이 넘치는 삶을 살고 싶으신가요? 그렇다면 먼저 영원한 삶, 곧 죽음의 권세로부터 놓인 삶을 살겠다는 소망을 가져야 합니다. 그 소망대로 살기 위해 해야 할 일이 있습니다. 보이지 않지만 실제로 있는 영원한 삶을 지금, 이곳에서부터 누리며 살아가는 것입니다. 우리가 육신의 장막을 벗고 영원히 살게 될 곳은 잠깐 머무는 이 세상에서 준비한 영혼으로 살아갈 세상입니다. 하루하루 영원한 가치를 우리 영혼에 쌓아가며 살아갈 때, 영원한 세상에서 사는 복을 이 세상에서도 누릴 수 있습니다. 그럴 때 우리는 정말 사는 맛이 납니다. 영원한 나라에서의 삶을 지금 이 순간부터 누리고, 현세의 삶을 다스리면 살아 있음의 기쁨이 무엇인지 알게 됩니다. 그것이 정말 사는 것처럼 사는 삶입니다.

이 땅에서 영생을 누릴 때 우리에게 주어지는 증거가 있습니다. 요한복음에서 예수님께서는 "평안을 너희에게 주노라"(요 14:27)고 말씀하십니다. 평화는 우리에게 생명이 있다는 증거입니다. 많은 믿음의 선조들은 순교하며 죽어가는 상황에서도 두려움 없이 평화로웠습니다. 영원히 사는 생명이 육체의 죽음보다 더 생생했기 때문입니다. 영원히 사는 세계가 현실보다 더 존재감이 있고 가깝게 느껴졌기 때문에 그들은 불안할 수가 없었습니다. 하나님의 생명이 생생하게 살아 있고, 예수 그리스도의 영이 내 안에 계시고, 그 생명은 죽음 너머에서도 변함없음을 너무나도 분명하게 알았기 때문입니다. 그리스도인들은 이 생명을 믿는 사람들입니다. 우리가 이 생명을 경험한다면 하루하루 죽음을 향한 시간을 선택할 수 없을 것입니다. 삶의 목적이 분명해질 것입니다. 살아도 이 생명을 살고 증거하기 위해, 죽어도 이 생명을 위해 죽는 삶을 살게 될 것입니다.

근원을 경험해야 힘이 있지

영원한 생명을 누리는 사람들이 힘 있게 살 수 있는 비결은 무엇일까요? 바로 생명의 근원을 경험하는 것입니다. 영원한 생명이신 하나님이 누구시고, 그분이 우리에게 어떤 분이며 어떤 일을 하셨는지 알고 누리는 것이 복음의 전부입니다. 하나님은 어떤 분이신가요? 그분은 우리에게 영원한 생명을 아무 값없이 주신 아버지이십니다. 상상할 수 있는 모든 것 중 가장 아름다운 생명의 근원이시고 가장 좋은 모든 것을 주실 수 있는 분이십니다. 이 하나님의 생명을 주시기 위해 예수 그리스도께서 이 땅에 오셨습니다. 이 위대한 소식, 너무나도 좋은 소식이 바로 복음입니다. 하나님께서는 우리가 영원한 생명을 하나님 나라에서는 물론, 이 땅에서도 누리기를 간절히 원하십니다. 비록 우리의 육신은 하루하루 죽어가고 있지만 이 생명을 받았기에 '산 자'이고, '살 자'이며, 이 땅의 한계 있는 시간을 초월한 자입니다.

하나님께서 주시는 생명은 생명에 대한 우리의 고정관념을 뛰어넘습니다. 그래서 예수님께서 이 땅을 떠나시면서 "내가 진실로 진실로 너희에게 이르노니 나를 믿는 자는 내가 하는 일을 그도 할 것이요 또한 그보다 큰 일도 하리니 이는 내가 아버지께로 감이라"(요 14:12)고 말씀하셨습니다. 생명의 영이 주어지면 우리는 예수님보다 더 큰 일도 할 것입니다. 죽음도 꺾을 수 없는 위대한 생명이 우리에게 선물로 주어졌습니다. 이 생명을 주시기 위해서 예수님께서 십자가에서 못 박히셨고 부활하셨습니다.

생명의 세계로 들어가고자 할 때, 보이는 세계의 일상적인 삶이 주는 딜레마가 있습니다. 그것은 보이는 세계가 현실의 전부인 것처럼 느끼게 하는 우리의 감각입니다. 또 하나는 크신 하나님을 자기중심적인 틀 안에 가두는 우리의 습성이 있습니다. 우리 안에 성령이 계신다는 말은 마치 범신론처럼 하나님이 내 안에 갇혀 계시다는 뜻이 아닙니다. 하나님은 우리 안에 내주하시면서 동시에 모든 우주 만물을 초월하여 계시며, 보이는 일상과 보이는 종교 제도를 넘어선 초월적 타자(他者)이십니다. 이러한 하나님이 성령으로 오셔서 내 안에 계시다는 것이 기적 중의 기적입니다. 복음은 일상을 좀 더 좋게 하는 차원이 아니며, 좋은 전통이나 종교 생활도 아닙니다. 바로 이 기적 같은 생명을 품고 살아가는 것입니다.

성경은 보이는 것 너머에, 보이는 것을 가능케 하는 전혀 다른 차원의 실상의 세계가 있다고 증언합니다. 보이는 것은 보이지 않는 것의 드러남이며, 보이지 않는 것은 보이는 것들의 숨은 차원입니다. 예를 들어서 점, 선, 면의 세계를 생각해 봅시다. 점은 원래 선의 세계에서 온 것이지만 점의 세계에서는 선이 보이지 않습니다. 선의 세계가 점에게 알려지려면 점의 갇힌 세계가 깨어져야 합니다. 그것은 파괴인 것 같지만 실제로는 전혀 다른 차원의 실상의 세계가 도래한 것이지요. 그때 우리는 꽉 차고도 남을 만한 충만한 생명의 임재를 느끼게 되고, 그 순간을 '깨어남(awakening)'의 순간이라고 말합니다. 이 깨어남은 혼자만 잘 살기 위한 자아 확장이 아닙니다. 모든 피조물을 함께 살게 하는 충만한 연합의 존재감입니다. 단순히 점끼리 연합한다고 선을 만들지는 못합니다. 더 큰 점을 만들 뿐이지요. 그러나 선의 세계가 도래할 때 선 위에는 원래 모든 점들이 연합되어 있었던 것처럼 전혀 다른 차원의 연합을 보게 됩니다.

복음은 차원 다른 세계의 도래

복음은 전혀 다른 세계의 도래입니다! 내 안에서 스스로 각성하는 것이 아닙니다. 정신 승리나 교양, 경건한 종교 생활도 아닙니다. 초월적이나 내재적이고, 충만하나 겸허하며, 낯설면서도 가장 친밀한 삶, 현실의 시간을 넘어선 너무나 경이로운 세계입니다. 그렇기에 우리의 일상적이고 관습적인 종교 생활은 깨어나야 합니다. 일상적인 삶은 깨어나기만 한다면 경이로움의 통로이지만, 흔들어 깨워주지 않으면 화석화되어 버립니다. 그 결과 신앙생활은 힘이 없고, 예기치 않는 기쁨, 낯섦과 경이로움은 이내 사라져 버립니다. 그러나 그리스도인은 보이지 않는 실상의 세계, 즉 살아 계신 하나님과 영원한 생명으로 살아가는 세계가 있다는 것을 믿는 자입니다. 그 경이로운 세계와 보이는 현상 세계를 생명으로 연결하는 하늘과 땅의 매개입니다. 이 두 세계가 연결될 때, 나를 나답게 하는 정체성, 하나님이 태초부터 예정하신 계획이 분명해지면서 삶에 의미가 살아나게 되지요.

예수님께서 행하신 기적 중 소경이 눈을 뜨게 된 장면은 단순한 기적 현상만이 아닙니다. 이것은 삶에 숨어 있는 중요한 상징적 의미를 드러냅니다. 상징은 직접적 비유들과 달리 의미의 차원을 설명하기 매우 좋습니다. 예를 들어 펜이나 책상처럼 유형적인 사물들과 달리 사랑, 평화, 생명, 영, 관계, 구조 같은 단어들은 상징적이고 초월적이며 보다 깊은 의미를 포함하고 있습니다. 그래서 일상적이고 표면적인 표현만으로는 그 의미를 깨닫게 하거나 밝히 드러내기 어렵습니다. 믿음도 그 의미를 담은 차원들이 현실의 삶 속에서 드러나야 합니다.

믿음의 차원이 우리의 삶을 열어젖힐 때 이런 일들이 일어납니다. 우선 예수님께서 오셔서 우리의 갇힌 시간이 해방됩니다. 이로 인해 보이는 세계를 넘어 주님께서 말씀하시는 전혀 다른 차원과 실상의 세계를 경험하게 됩니다. 그러므로 생생한 믿음을 가지려면 지금까지 살아오던 삶에 질문이 필요합니다. 현상적인 삶을 벗어나는 경이로움, 관습적인 일상을 넘어서는 기적이 삶에 펼쳐질 것을 기대해 보십시오. 또 단순한 윤리적 차원을 넘어 생명을 담은 깊고 넓은 사랑의 존재에 흠뻑 젖어 보십시오. 그러다 보면 믿음으로 영혼의 눈이 뜨이며, 소망으로 굳어진 일상이 기경(起耕)되고, 그 안에 하나님의 사랑이 담긴 생명이 있음을 알게 됩니다. 그러면서 생명의 임재가 있고 기쁨과 감사가 넘치게 되는 믿음 생활이 무엇인지 더 깊이 체험하게 되는 것입니다.

 예수님께서 약속하신 성령이 우리 안에 오실 때 바로 이 영원한 생명을 누리면서 살아갑니다. 이것은 과거의 일이 아니고, 앞으로 올 미래의 일도 아닙니다. 지금 이 순간, 그 생명을 간절히 원하고 믿는다고 예수님의 이름으로 고백하기만 하면 시작됩니다. 하나님께서 이미 우리에게 약속하시고 주셨음을 믿으십시오. 이것이 복음의 가장 중요한 핵심입니다.

우리 삶의 유일한 기적

 우리에게 이 생명이 주어졌음을 아는 것이 삶의 유일한 기적입니다. 기적은 다른 것이 아니라 하나님의 생명과 똑같은 신적 생명이 우리에게도 있다는 것입니다. 게다가 세상에서는 무언가를 얻으려면 항상 대가를 치러야만 하는데, 이 생명은 아무 대가도 없이 주어졌습니다. 우리가 해야 할 일은 아주 쉽고 간단합니다. 이 생명이 우리에게 주어졌음을 믿고, 하나님을 사랑하며 받아들이는 것입니다. 우리가 하나님을 사랑하기 전에 하나님께서 먼저 원수 된 우리를 사랑하셨습니다. 이것은 세상의 논리로는 결코 이해할 수 없기에 오직 은혜와 사랑 자체이신 그분을 믿는 믿음으로만 받아들일 수 있습니다.

　사망의 권세를 이기신 영원한 생명이 우리에게 말씀하신다는 것이 믿어지는 은혜가 있기를 축복합니다. 우리가 매일 읽는 그 말씀 안에는 살아 있는 영과 진리가 들어있습니다. 그 생명에는 온 세계를 향한 영원한 계획이 있습니다. 우리가 계획하는 많은 것들은 죽으면 사라지는 계획일 수 있습니다. 생전에 많은 계획을 세우더라도 죽으면 결국은 내 손에 쥐지 못하고 남이 수확하게 됩니다. 그러나 하나님의 계획은 영원토록 참되게 살게 하는 계획입니다. 믿음의 선조들이 걸어간 역사가 그것을 증명합니다. 그들은 생명의 길을 걸어갔고 상급을 받았습니다. 성경은 그 삶이 얼마나 고귀한지에 대해 우리에게 증거합니다.

　그렇게 생명의 계획 속에서 살아간 이들은 자신을 위해서만이 아니라 많은 사람을 살리며 살아갔습니다. 이들은 "잘 살아다오! 하루하루 죽음의 물결 속에서 발버둥 치며 살아가지 말고, 제발 나의 영원한 생명을 누리며 살아다오!"라는 주님의 간절한 말씀에 반응한 사람들이었습니다. 지금도 하나님께서는 우리가 모든 상황 속에서 생명을 누리며 살아가기를 간절히 바라고 계십니다. 이 생명의 초대에 응답하는 우리가 되기를 간절히 기도합니다.

하나님은 모든 일상을 새롭게 하시는 생명의 영이십니다. 그 생명의 영을 받고 누리길 원합니다. 주님, 무력함과 절망의 시간이 생명으로 해방되게 하시고, 살아 있는 산 소망으로 복된 삶을 살게 하소서.

죽는 것 같이 발버둥 치며
살아가지 말고
제발 나의 영원한 생명을
누리며 잘 살아다오!

★ 어웨이크닝 포인트

'초월적 절대 타자'이신 하나님에 대한 존재감으로 **깨어.있어.라!**	기독교는 영원한 타자 생명의 타자 초월적 타자의 내주이다.
일상을 넘어선 실상의 세계는 전혀 다른 세계이다.	전혀 다르다.
하나님은 우리와 **전혀 다르시다.**	초월해서 껍질을 깨고 실상의 경이로운 놀라운 세계로부터 나의 갇힌 세계가 파괴되어야 한다. **깨어나 각성되어야 한다!**

😮 알겠습니다! 각성해보겠습니다!

주의! 스스로 내 안에서의 각성을 말하는 것이 아니다. 초월성이 없으면 영원한 생명과 거리가 멀어지고, 교양 있고 고상한 것 같지만 자기 안과 정신 세계에 갇히거나 눈으로 보이는 현상 세계에 갇혀 버린다.

'초월적 절대 타자'가 내게로 연합되어 각성'되는' 것임을 잊지 마세요.

😲 네! 초월을 인정하고 점핑해 보겠습니다!

주의! 초월은 자기 혼자 뛰어넘는 것이 초월이 아니라
<u>현재 세계가 포함된</u>
<u>전혀 다른 실상의 세계를 '만나' 뛰어넘는 것이다.</u>
그렇기에 다시 일상으로 올 때
충만으로 꽉 찬 복된 세계가 오게 된다.

점, 선, 면의 입체적인 차원을 생각하라.
단순한 점의 연합이 선이 아니다.
선 안에 점의 연합이 있다.
다음 차원의 세계는 갇힌 작은 세계가 아니다.

⭐ 어웨이크닝 하고 나니

하나님의 영을 받았을 때
초월한 세계가 있음을 알게 되고
그것이 내주하였을 때는 작은 점이라도 정말 충만하다.
현실에서 너무 커 보였던 것이
<u>경이로움 때문에 아무것도 아니게 느껴지며</u>
내가 갇혔던 세계를 채우고도 남는 충만함이 있다.
새롭고 낯설면서도 충만하다.
<u>'아, 뭔가 다른 리얼한 세계가 있구나.' 느껴지고 경험된다.</u>

당신이 선의 세계를 품은 잠재성의 점임을 생각해 보아라.
<u>차고도 남는다.</u>

⭐ 어웨이크닝 하지 않으면?

보이는 현상에 갇히고
우리의 지평은 물(物)의 감옥이 되어 버린다!

<u>깨어나는 전제조건이 있을까요?</u>

인과적인 조건은 아니다.
그러나 결핍의 세계가 답답해지고
실상의 세계를 향한 갈망이 터질듯이 차오르면
준비는 충분하다.

⭐ 나의 어웨이크닝 포인트

*본문의 내용 중 새기고 싶은 문장이나, 읽으면서 깨달은 것을 적어 봅니다.

_____

_____

_____

_____

_____

나라가 임하시오며 뜻이 하늘에서 이루어진 것 같이 땅에서도 이루어지이다   ▌마태복음 6장 10절

2. 뜻이 이루어지이다

믿음으로 계속 사망의 옛 영토를 정복해 나가십시오.

믿음은 생명의 모험입니다.

하나님께서는 우리를 향해 선하시고 기쁘시고 온전하신 뜻을 가지고 계십니다. 로마서 1장 19~20절은 "이는 하나님을 알 만한 것이 그들 속에 보임이라 하나님께서 이를 그들에게 보이셨느니라 창세로부터 그의 보이지 아니하는 것들 곧 그의 영원하신 능력과 신성이 그가 만드신 만물에 분명히 보여 알려졌나니"라고 말씀합니다. 하나님의 뜻은 결과적으로 생명의 충만한 세계의 질서와 다스림, 그리고 그 통로가 되는 인간에 관한 것입니다. 하나님께서 주신 생명의 영으로 새사람이 되어 이 세계를 새롭게 하는 것, 생명으로 충만하게 하는 것, 그것이 우리를 향한 하나님 아버지의 뜻입니다.

하나님의 뜻을 이루는 존재, 새사람!

이 하나님의 뜻을 이루는 존재가 바로 새사람입니다. 그런데 새사람의 특징이 있습니다. 바로, 계속 변화하는 것입니다. 살아 있는 모든 것은 변화하게 되어 있고 변화하는 것만이 성장합니다. 하나님의 온전하심 또한 이 초점에 맞추어서 이해해야 합니다. 우리는 자칫하면 율법적인 완전함을 하나님의 온전으로 착각하고, 그것을 지켜야 한다는 강박에 시달릴 수 있습니다. 또 자기 생각의 틀에 갇혀 생명의 욕구를 제거해 버릴 수도 있습니다. 그런데 온전함은 '생명의 성장'입니다. 매일매일 생명의 영으로 새롭게 변화되어 가는 것이 새사람의 완전입니다.

하나님께서는 우리에게 오실 때 생명의 언약을 주십니다. 그 뜻이 이루어지는 것은 10년, 20년, 혹은 그 이상이 걸릴 수도 있습니다. 그러나 생명 씨는 아무리 작아도 생명이기에 반드시 자라고 이루어집니다. 하나님의 말씀 중에서도 영원한 생명의 비밀에 속한 영역은 알 수 없기에, 그 언약이 실현되는 동안 매일 깨어나는 새로운 믿음이 필요합니다. 그렇기에 하나님 나라를 향한 뜻은 단순히 일만 해서 이루어지는 것이 아니라 우리의 심령을 새롭게 기경하고 영적 실상을 바라보는 눈이 깨어나야 합니다.

Already, but Not Yet

어둠의 진영은 끊임없이 이 단순한 믿음을 반대하고 박해합니다. 하지만 그들은 하나님의 주권적인 뜻이 실현되는 것을 결코 방해할 수 없습니다. 사단은 십자가에 예수님이 못 박히셨을 때 드디어 자신들이 이겼다고 생각했습니다. 그러나 바로 그 순간, 하나님이 승리하셨습니다. 이 십자가의 승리를 믿고 나갈 때 우리의 옛사람, 자아가 깨지면서 성령의 조명으로 하나님의 뜻을 점점 알게 됩니다.

믿음의 길을 가고자 할 때 하나님께서 주권적으로 이루시는 중요한 일이 함께 따라옵니다. 바로, 우리 안에 아직도 남아 있는 옛사람의 영토를 다루시는 일입니다. 우리의 영이 하나님의 주권에 속했고 하나님께 생명을 받아 새사람으로 거듭났을지라도, 옛사람으로 살아오며 무의식적으로 고집했던 지-정-의의 삶의 방식들까지 모두 정복되어야 합니다. 그렇기에 이 믿음은 '이미(already)' 이루어졌지만 '아직(not yet)' 이루어지지 않은 긴장 속에 있습니다.

　하나님의 뜻은 사망의 옛 영토를 완전히 정복하고 새로운 생명의 영토로 바꾸는 것입니다. 이 길은 우리가 익히 알던 방식이 아니라 '약속의 땅으로 새롭게 부르시는 그분의 음성을 듣고 순종하며' 가야 할 길입니다. 그래서 행복하고 단순하게 하나님께 맡기고 사는 전적 믿음이 얼마나 좋은지 모릅니다. 하나님을 믿는데도 아직 한편에서는 내 생각과 판단이 맞다고 주장하면서 양다리를 걸치고 계십니까? 세상과 상대하면서 살아가는 것은 내 몫이라고 주장하고 계십니까? 그저 단순하게 믿으십시오. 벽에 부딪히셨다면 더욱 더 깊은 기도로 들어가십시오. 하나님께서 알려주시는 비밀은 아주 신기합니다. 내가 생각하는 방식과 전혀 다릅니다. 일의 순서도 다릅니다. 결과적으로 하나님은 항상 모든 것을 합력하여 예기치 않은 방식으로 가장 좋은 작품을 만들어 내십니다!

새사람은 영적 전쟁의 영웅입니다. 새사람은 관념 속에서 존재하는 것이 아니라 영적 싸움의 승리 속에서 탄생합니다. 새사람은 '예수 그리스도 안에서' 그 자체로 온전하지만, 실제의 삶에서 생명을 구현해 나가는 성장 과정은 여전히 우리에게 소명으로 주어져 있습니다. 이스라엘 백성들은 출애굽하고 40년간의 연단 과정을 거치면서 애굽적인 모든 요소를 벗었습니다. 그 여정은 옛사람의 불신에 찬 생각과 판단, 육의 현실에 갇힌 내·외면의 영토를 되찾아 오는 작업이었습니다. 그 일은 우리가 홀로 행하는 것이 아니라 매일 깊은 언약의 차원으로 들어가며 완성되며, 이 믿음의 여정을 통해 하나님의 뜻은 이루어집니다.

　성화(聖化)는 이 세상이 운행되는 방식인 모든 두려움의 방식들을 정복하는 일과 연관되어 있습니다. 그러나 진정한 승리는 두려움과 같은 수준으로 싸우는 데 있지 않습니다. 매일 우리 안에서 타오르는 생명의 불꽃을 지키고 어둠을 향해 활활 타오르는 불꽃을 들어 올리는 것으로 충분합니다. 빛은 항상 어둠을 이깁니다! 하나님의 뜻은 새사람의 생명의 불꽃 안에 담겨있지만 그 불꽃을 품고 나날이 크게 만드는 것은 받은 자의 몫입니다. 두려워하는 영과 연결된 마음의 진들을 강력한 성령의 은사로 불태워 버리십시오. 하나님이 우리에게 주신 것은 두려워하는 마음이 아닙니다(딤후 1:7). 하나님 앞에서 내 속에 있는 소원을 가지고 믿음으로 나아가십시오. 그리고 그분의 말씀을 들으십시오. 기뻐하고 감사하며 사랑하십시오. 그리고 매일매일 예수 그리스도 안에서 죽고 매일매일 생명의 불꽃으로 부활하십시오.

옛사람에 속지 않는 슬기로운 믿음 생활

우리의 관심이 겨우 내가 살아남고 식구들을 먹여 살리는 것에 그치면 안 됩니다. 하나님께서 우리를 창조하신 이유는 그것보다 훨씬 위대하기 때문입니다. 우리의 눈을 들어 영혼을 깨우십시오. 우리는 하나님이 주신 비전을 받은 자입니다. 비전은 사람을 바꾸어 놓습니다. 가는 곳마다 새로운 자원들이 숨어 있음을 발견하십시오. 삶은 보물 찾기입니다. 이런 귀한 보물을 발견하는 시간이 인생을 통틀어 단 몇 시간도 되지 않을 수 있습니다. 그러나 그 한 번의 발견으로 바뀌는 삶은 너무나 위대합니다.

삶을 낭비하지 않으려면 우리의 옛사람을 분명히 알아차려야 합니다. 옛사람은 우리가 하나님 나라를 이루면서 새사람으로 위대하게 사는 것을 늘 방해합니다. 절대로 그런 일은 이루어지지 못할 것이라고 속입니다. 항상 한계를 정확하게 짓습니다. 그러나 하나님이 주신 한계는 옛사람에 대한 것뿐입니다. 옛사람의 때가 끝났다는 것입니다. 예수님께서 십자가에 못 박혀 돌아가셨을 때 모든 구원의 역사가 끝난 것처럼 보였습니다. 그러나 십자가의 죽음은 옛사람의 죽음이었습니다. 예수님은 그 죽음에서 승리하시고 온 세상을 구원하는 생명의 영으로 오셨습니다. 예수님 안에 있는 생명의 영은 누구도 한계 지을 수 없습니다. 우리를 그 생명의 아버지에게서 끊어지게 만드는 허상은 무엇인가요? 바로 그 일이 어둠의 전략이며 옛사람이 하는 일입니다.

옛사람을 가만히 두면 우리는 자연스럽게 세상 사람들 모두가 사는 방식대로 삽니다. 잠시 멈추어 우리의 주인이 누구인지 가만히 생각해 보십시오. 내 안에서 움직이는 사람은 도대체 누구입니까? 적은 남이 아니고, 내 안에서 생명의 새사람이 살지 못하게 하는 나의 옛사람입니다. 나의 옛사람은 언제나 한계를 이야기하고 생명의 변화를 미워하고 싫어합니다. 걱정하고 두려워합니다. 그럴듯하게 교양 있는 척하지만 믿음이 없습니다. 허망한 것에 매여 도전을 받아들이지 않습니다. 영악하고 꾀가 많지만 자기 꾀에 넘어갑니다. 그 옛사람을 정확하게 인식하고 거절하십시오. 어떤 미련이 우리로 하여금 옛사람을 끌어안고 살도록 하나요? 무엇 때문에 하나님께서 주신 자원을 하나도 사용하지 못하며 살아가나요? 생명의 사람으로 권세를 가지고 사람들을 변화시키는 능력이 있어야 하는 우리가 왜 거꾸로 세상에 영향을 받나요? 그 결과는 하나님에 대해 죽은 사람이 되는 것입니다. 하나님의 영이 없는 사람에게는 생명이 없습니다.

신뢰와 기쁨으로 모험하라

하나님 안에서의 새로운 삶은 세상을 초월해 있지만 분리되어 있지 않습니다. 새생명은 세상을 새롭게, 경이롭게 사는 힘입니다. 초월은 분리가 아니라 충만하고도 넘치는 힘입니다. 현실의 문제가 해결되어야만 기뻐할 것입니까? 아닙니다. 우리는 이미 생명을 받은 자들입니다. 주 안에서 기뻐하십시오. 믿음은 세상을 초월하며 하나님 안에서 감사와 기쁨을 낳습니다. 믿음과는 반대로 사는 사람들이 있습니다. 바로 하나님 없이 착한 사람들, 시선과 체면에 눌려 살면서 불평하고, 스스로 의롭다고 속으며 사는 사람들입니다. 평생 성실히 살고, 자식들을 위해서 살고, 못된 남편도 참아가며 살았는데 열매가 없어 억울하고 원통하십니까? 믿음의 결과는 결코 억울함이 아닙니다. 자기 마음대로 이기적이고 게으르게 정욕에 이끌려 살면서 나답게 살았다 착각하십니까? 가장 먼저 하나님을 사랑하고 또 자신을 사랑하십시오. 자기 안에 있는 정직한 소원을 끄집어내어 하나님께 나아가십시오. 하나님의 때를 기다리며 생명으로 사는 믿음의 방법을 훈련하십시오.

 믿음으로 실상을 보면서 정신과 육을 다스리고 기쁜 일을 하십시오. 이 기쁨은 정과 욕으로 쾌락을 쫓는 것과 다릅니다. 때로 우리에게 육신의 약함과 고통도 당연히 있습니다. 또 하나님의 말씀을 따라 기뻐하고 감사하려고 할 때 옛사람이 떨어져 나가는 고통도 있습니다. 그러나 그것이 내가 죽는 고통이라고 착각하지 마십시오. 오히려 그 고통의 시간 동안 자아로 구성된 옛사람이 진리와 사랑의 영으로 구성된 새사람에 의해 정복되는 중입니다. 기뻐하고 감사하면서 그 짐을 벗어버리고 정직하게 믿음으로 나가십시오. 매일 구체적인 영역에서 믿음을 사용하여 정진하지 않으면 그럴듯한 율법이나 선한 생각에 갇혀 있을 수 있습니다. 옛사람의 과거나 좋았던 경험 속에서 미리 하나님의 뜻을 결론 내지 마십시오. 매일 새로운 생명의 영으로 살아가십시오. 믿음으로 인내하며 성장하십시오. 그것이 하나님이 기뻐하시는 뜻입니다.

 설사 우리가 원하는 대로 이루어지지 않더라도, 믿음의 과정을 거쳐가는 동안 하나님께서 이루실 많은 일들이 있습니다. 믿음으로 강한 자가 되십시오. 우리의 최선과 열심만으로는 되지 않습니다. 전적 신뢰에 새사람의 권능을 입히십시오. 아주 단순하게 아이 같은 믿음을 사용하십시오. 거듭난 영의 새사람, 영의 주권이 하나님으로 바뀐 사람답게 나아가십시오. 우리의 삶은 하나님께 속해 있습니다. 나조차도 아직 모두 이해되지 않고, 내 옆의 사람들은 더구나 전혀 모를지라도 하나님께서 가장 좋은 길로 인도하고 계심을 고백하십시오. 단순한 믿음으로 이 길을 행복하게 나아가십시오. 하나님께서 내 생각대로 일하시지 않는 것처럼 느껴지는 동안에도 보이지 않는 곳에서 놀라운 일들이 이루어지고 있습니다. 그 믿음을 가지고 하나님이 하실 일둘을 신뢰하면서 가는 것이 하나님의 뜻입니다. 옛 영토를 새로운 땅으로 만드십시오. 믿음은 모험입니다. 파도를 타며 믿음의 서핑(surfing)을 하는 동안 우리의 영혼은 자라납니다.

우리는 기도합니다

우리를 새사람, 새생명으로 불러주신 주님, 우리는 영적 전쟁의 영웅들입니다. 하나님의 뜻인 '완전'을 향해서 옛사람을 끊임없이 정복해 나가게 하시니 감사합니다. 영의 주권이 바뀐 새사람이 되어 세상을 향해 나아갑니다. 주님의 경륜을 제가 모두 알 수 없음을 인정합니다. 그러나 모두 알 수 없어도 괜찮습니다. 단순하고 솔직한 작은 믿음을 가지고 나아가게 하옵소서. 더 깊은 기도로 나아가기를 원합니다. 생명의 주인이신 주님, 당신의 놀라우신 계획을 깨달아 알 수 있도록 우리를 깨워 주시옵소서.

파도를 타며
믿음의 서핑(Surfing)을!

★ 어웨이크닝 포인트

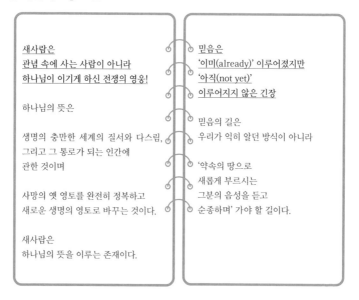

새사람은
관념 속에 사는 사람이 아니라
하나님이 이기게 하신 전쟁의 영웅!

하나님의 뜻은

생명의 충만한 세계의 질서와 다스림,
그리고 그 통로가 되는 인간에
관한 것이며

사망의 옛 영토를 완전히 정복하고
새로운 생명의 영토로 바꾸는 것이다.

새사람은
하나님의 뜻을 이루는 존재이다.

믿음은
'이미(already)' 이루어졌지만
'아직(not yet)'
이루어지지 않은 긴장

믿음의 길은
우리가 익히 알던 방식이 아니라

'약속의 땅으로
새롭게 부르시는
그분의 음성을 듣고
순종하며' 가야 할 길이다.

★ 옛사람?

옛사람은 우리가 하나님 나라를 이루면서 새사람으로 위대하게 사는 것을 늘 방해한다. 절대로 그런 일은 이루어지지 못할 것이라고 속인다. 항상 한계를 정확하게 짓는다. 옛사람을 가만히 두면 자연스럽게 세상 사람들 모두가 사는 방식대로 산다.

옛사람을 정확하게 인식하고 거절하라!

😮 네! 옛사람들과 싸우겠습니다!

> 적은 남이 아니라, 내 '안'의 옛사람입니다.
> 십자가의 죽음은 옛사람의 죽음이었습니다.
>
> 믿음으로 실상을 보면서, 정신과 육을 다스리고
> 하나님께서 기뻐하시는 일을 하십시오.
>
> 믿음의 길을 걷는 과정 속에서
> 옛사람이 떨어져 나가는 고통도 있습니다.
> 옛사람의 과거나 좋았던 경험 속에서
> 미리 하나님의 뜻을 결론 내지 마세요.
> 매일 새로운 생명의 영으로 살아가십시오.
>
> 설사 우리가 원하는 대로 이루어지지 않더라도
> 믿음의 과정을 거쳐 가는 동안
> 하나님께서 이루실 많은 일들이 있습니다.

믿음은 모험입니다.

매일매일 생명의 영으로 새롭게 변화되어
단순하게 전적으로 믿고 행동하십시오.

파도를 타며 믿음의 서핑(surfing)을 하는 동안
우리의 영혼은 자라납니다.

⭐ 나의 어웨이크닝 포인트

*본문의 내용 중 새기고 싶은 문장이나, 읽으면서 깨달은 것을 적어 봅니다.

_____

_____

_____

_____

_____

BOR
NAG
AIN

Chapter 2 | 조에의 생명과 사는 죽음

좁은 문으로 들어가라 멸망으로 인도하는 문은 크고 그 길이 넓어 그리로 들어가는 자가 많고 생명으로 인도
하는 문은 좁고 길이 협착하여 찾는 자가 적음이라 　　　　　　▌마태복음 7장 13~14절

3. Zoe, 좁은 길의 보물 찾기

죽은 자 같으나 산 자가 있고
산 자 같으나 죽은 자들이 있지.

생명이 벌어지는 삶은 활력이 넘치며 하루하루가 새롭게 반짝입니다. 하나님은 우리 삶에 많은 보물을 숨겨 놓으셨고, 삶은 그 비밀스러운 보물을 찾아 나서는 신나는 놀이입니다.

좁다고 해서 어려운 건 아니다

'내 삶은 왜 이렇게 힘들까? 왜 이리 고통스럽고 되는 일이 없을까?'라는 생각이 든다면 하나님의 생명이 우리 안에서 활력 있게 움직이고 있지 않은 것입니다. 움직이고 있다고 해도 우리가 그 생명을 마음속 깊은 곳에 묻어놓고, 다른 것으로 채워놓는 바람에 아주 미약하게 움직이고 있는 것입니다. 하나님 아버지는 우리 삶에 가장 좋은 것을 주기 원하시지만, 우리가 그 복을 실제로 살아내기 위해서는 영원한 생명으로 사는 비밀을 알아야 합니다. 그 비밀은 하나님이 말씀하신 길에 있습니다. 하나님께서 우리에게 가장 좋은 것을 주신다는 것은 가장 좋은 때와 방식을 아신다는 뜻입니다. 하나님은 이 복된 길을 우리에게 알려주시며 그 말씀에 순종하기를 원하십니다.

예수님께서는 자신을 길이요 진리요 생명이라고 말씀하셨습니다(요 14:6). 그 길은 예수님이 하나님 아버지께서 말씀하시는 때와 방식에 자신을 온전히 내어드리며 순종하심으로 열린 길이었습니다. 생명의 길을 가고자 한다면, 이러한 그분의 때와 방식이 무엇인지 알아야 합니다. 그런데 많은 사람들이 놀랍게도 이 길을 가지 않습니다. 성경은 이 길이 '좁아서' 많은 사람들이 가지 않는다고 말합니다. 우리는 좁은 길을 간다고 할 때 '이 길은 고생길이구나. 믿는 것은 참 어렵구나.' 하고 생각하지만, 예수님께서는 길이 좁다고 하셨지 어렵다고 하지 않으셨습니다. 많은 사람들이 가지 않는다고 했지, 실패하는 길이라고 하지 않으셨습니다. 쉽고 단순하고 복된 길인데도 이 세상의 방식과는 너무도 다르기 때문에 선택하지 않습니다. 그러나 그 길은 주님께서 거저 주시는 생명을 받아 생각과 감정과 행동에 심고 뿌리내리기만 하면 되는 길입니다.

그렇다면 반대로 '넓은 길', 즉 세상의 길에는 무엇이 있을까요? 요한일서 2장 16절은 말씀합니다. "이는 세상에 있는 모든 것이 육신의 정욕과 안목의 정욕과 이생의 자랑이니 다 아버지께로부터 온 것이 아니요 세상으로부터 온 것이라." 세상에 있는 모든 정욕과 자랑을 선택하는 것은 편하고 익숙합니다. 그러나 많은 이들이 선택하는 이 익숙한 길에는 위대한 생명을 받지 못하게 하는 세상의 전략이 있습니다. 이것은 '세상으로부터 온 생명'입니다. 이 생명을 받으면 살 것 같지만 그 끝이 죽음과 사망을 향해 있습니다. 하나님의 생명과 반대되는 것은 단순히 죽음이 아닙니다.

영원한 생명과 구분되는 세상의 생명이 있음을 기억하십시오. 이 생명 역시 그 권세가 주어지는 동안 활력을 지니고 있기에 속기 쉽습니다. 이 넓은 길이 많은 이들이 찾고 살아가는 방식이라는 것을 명심하십시오.

비오스냐 조에냐, 그것이 문제로다

신약 성경은 생명을 '프쉬케(ψυχή)', '비오스(βίος)', '조에(ζωή)'의 세 가지로 표현합니다. 우선, 프쉬케(ψυχή)는 '생물학적 목숨으로서의 생명'을 말합니다. 마태복음 6장 25절의 "그러므로 내가 너희에게 말한다. 목숨을 부지하려고 무엇을 먹을까 무엇을 마실까 염려하지 말아라."라고 하신 말씀의 '목숨'은 바로 이 생물학적 목숨, 프쉬케입니다. 또한 "선한 목자는 양들을 위하여 자기 목숨을 버린다"(요 10:11)고 할 때의 '목숨'도 프쉬케를 의미합니다.

그런가 하면 비오스(βίος)는 '생활 수준, 세상에서 살아가는 방식'에 가까운 말입니다. 요한일서 2장 16절에 나오는 "육체의 정욕, 안목의 정욕, 이생의 자랑"에서 '이생'이라고 번역된 것이 바로 비오스입니다. 누가복음 15장에 나오는 탕자의 비유에서 탕자가 아버지에게서 '분깃'을 받아 나갔다고 할 때, 그 분깃이 바로 비오스입니다. 즉, 세상에서 살아가는 모든 삶의 방식, 정과 욕으로 구성된 모든 생명이 사는 방식이 바로 비오스라고 할 수 있습니다. 프쉬케와 비오스는 동물적이며 자연적이고, 정과 욕을 가진 모든 인간이 살아남기 위해 애쓰는 자연적인 방식입니다. 그러나 이 생명은 한계가 있기에 언젠가 죽음을 맞이합니다. 모든 생물학적 생명은 프쉬케의 성격을 가지고 있으며, 여기에 단순히 본능적이고 생물학적인 생명을 넘어서, 정과 욕으로 살아가는 모든 생활 방식이 비오스에 속합니다. 세상의 모든 자연스러운 생각과 감정과 행위는 하나님 없이 살아가는 모든 생명의 특징입니다. 옆집 사람도, 일가친척도 모두 가는 길이기에 세상의 넓은 길이 사망의 길이라는 것을 알지 못하고 살아갑니다. 그러나 이 넓은 길은 영원한 생명의 길과 반대됩니다. 하나님께서 주신 영원한 생명이 비오스와 반대된다는 것을 이해한다면 '정과 욕을 십자가에 못 박으라'는 말이 어떤 말인지도 잘 이해할 수 있을 것입니다.

세상의 모든 자연스러운 생각과 감정과 행위는 이 영원한 생명과 반대됩니다. 성경이 주목하는 것은 이 '비오스'의 생명과 반대되는 영원한 생명, 즉 '조에(Zoe)'입니다. 요한일서 5장 12절은 "아들이 있는 자에게는 '생명(조에)'이 있다"고 합니다. 그런가 하면 "나는 양들이 '생명(조에)'을 얻고 또 더 넘치게 얻게 하려고 왔다"(요 10:10), "내가 바로 '생명(조에)'의 빵이다"(요 6:35)라는 말씀도 영원한 생명, 조에를 나타냅니다. 아무리 많은 부를 쌓고 장수를 누린다고 해도, 하나님의 아들에게 주신 이 영원한 생명이 없다면 그는 생명을 누리는 것이 아닙니다. 참 생명은 오직 성령 안, 태초의 빛과 생명이 흐르는 말씀 안에 있습니다. 우리는 죄인이었고 하나님과 원수 되었기에 이 영이신 하나님으로부터 온 생명이 없는 자였으나, 하나님은 예수님의 십자가를 통해 이 생명을 우리에게 주셨습니다. 그 결과 우리 영혼이 성령에 속하게 되었고 영혼이 기뻐 예수 그리스도를 주님으로 고백하게 됩니다. 이 고백이 있는지 없는지에 따라 우리의 삶이 '비오스'로 끝날 것인지, '조에'의 삶을 누릴지가 달라집니다. 성경은 우리가 사는 이유가 '조에'의 삶을 누리기 위해서라고 명확히 말합니다. 우리는 이 생명을 받아서 누리고 생명의 힘으로 다른 사람들을 살리기 위해 살아갑니다.

비오스의 생명에 얽매인 옛사람

조에의 삶은 아름답고 의미 있지만, 우리의 현실은 늘 비오스의 삶에 얽매여 있습니다. 성경은 그 삶에 매인 사람을 '옛사람'이라고 부릅니다. 믿으십시오. 그 옛사람은 이미 이천여 년 전에 십자가 위에서 예수님과 함께 죽었습니다. 그러나 사단은 옛사람이 여전히 살아 있다고 우리를 속이며 조에의 삶에서 멀어지게 합니다. 그것은 하나님으로부터 온 생명이 아닌데도 생명인 척하며 우리를 속입니다. 종교적인 신앙생활, 교만, 완고함, 율법주의, 두려움, 양심적인 척하는 것, 선함을 위장한 속임수, 복수심, 혈기, 시기, 심술, 섣부른 판단, 용서하지 않는 것, 위를 향해서 반역하는 것, 자기 확신의 과도한 열정… 이 모든 것들이 생명의 열매와 거리가 멉니다.

성경은 생명으로 살아가려면 '좁은 길'을 가야 한다고 말합니다. 문제는 좁은 길이 무엇인지 잘 모른다는 것에 있습니다. 대부분 많은 사람들이 좁은 길을 고생길이나 금욕의 길이라고 착각합니다. 그러나 영원한 생명으로 이 땅에 태어나게 하신 존재 이유를 실현하며 단순하지만 풍요롭게 사는 것과, '이것도 하지 마라. 저것도 하지 마라.' 하고 금하면서 삶을 좁고 편협하게 만드는 것은 전혀 다릅니다. 목적도 다르고 존재도 다르고 이유와 동기도 다르지요. 이러한 경향은 십자가의 길을 연상할 때도 마찬가지입니다. 생명과 연결된 길인데도 힘들고 고생스럽고 행복과는 반대되는 길이라고 생각합니다. 그런데 좁은 길의 반대는 '넓은 길', 즉 많은 사람들이 가는 길입니다. 따라서 좁은 길의 가장 중요한 특징은 많은 사람들이 가지는 않지만 생명의 길이라는 것입니다.

이 조에의 좁은 길은, 실상은 매우 충만한 길입니다. 많은 사람들이 살아가는 넓은 길과 달라 좁은 길이지만, 생명으로 충만한 길입니다. 태풍이

올 때 태풍을 보는 사람들이나 주변에 있는 사람들은 살이 찢겨 나가고 건물이 무너지고 사건 사고가 벌어지지요. 그러나 태풍의 한가운데는 아주 좁은 공간이지만 안전한 곳입니다.

 선악과를 먹은 인간은 영원한 생명이신 하나님과는 분리되고 자기의 혼과 육신만으로 살 수 있다고 속이는 영을 받았습니다. 이 속이는 영은 "너 혼자서 살 수 있어. 정신력과 몸을 강화하면 돼. 너는 멋진 사람이야." 라고 하나님 없이도 살 수 있다고 속삭입니다. 이 속이는 영을 받은 사람은 보이는 세계가 전부라고 여기면서 하나님의 생명의 영은 없이 정신과 육신의 정욕, 안목의 정욕, 이생의 자랑으로만 삽니다. 문제는 온 세상이 그런 상태에 있다는 것이지요. 그러니까 대부분의 사람들이 그저 성실하고 착하게, 사회적 계약을 잘 지키면서 의식주를 충분하게 해결하며 사는 것을 옳다고 여기며 살아가는데, 그 길이 바로 넓은 길입니다. 그러나 하나님의 생명의 영을 받은 이들은 많은 사람이 사는 방식과는 다른 좁은 길을 걷는 사람들입니다.

 그 길은 세상이 모르는 방식, 오직 예수 그리스도의 생명의 영을 믿음으로 받아 사는 길이기에 좁게 느껴질 수 있습니다. 하지만 안전한 길이요 그 안에 모든 생명의 풍요가 있는 길입니다. 그 길에서는 온 세상에 드리운 죄의 권세가 우리를 더 이상 다스리지 못합니다. 그리스도의 부활과 생명이 이제 성령을 통해 우리를 다스리고 우리를 온전한 생명의 나라로 인도하시기 때문입니다.

우리는 기도합니다

당신께서 우리에게 허락하신 좁은 길은 그저 고생스러운 길이 아니라 충만함으로 가득 찬 생명의 길입니다. 그 길에 우리를 초대해 주심에 감사드립니다. 그 충만함 안에서 온 세상에 드리운 죄의 권세를 결박하고, 당신께서 허락하신 생명의 나라를 아낌없이 맛볼 수 있도록 우리를 도우소서.

어떻게 하면
Zoe의 생명의 감각을
느끼고 누리고 살아갈 수 있을까

★ 어웨이크닝 포인트

좁은 길에 관한 오해

세상의 방식과 다르기 때문에
많은 사람들이 가는 '넓은 길'과
반대되는 의미로 좁은 길이다.

좁은 길은
어렵고, 고생하고, 참고, 견디고,
실패하는, 이것도 저것도 못 하는
숨 막히는 길이 아니다.

많은 사람들이 가는
세상의 방식과 다르기에
'좁아 보일 수는' 있다.

단순하고 쉬운 좁은 길의 방식!

주님께서 거져 주시는 생명을 받고
순종으로
뿌리내리기만 하면 되는 길.
우리 영혼을 가장 안전한 길로
인도하는 복되고
생명이 충만한 길.

실상의 세계에서 내려오는
태풍의 핵 가운데
가장 안전한 한 점.

주님께서 있으라고 하시는 자기 자리에서
움직이지 않았을 뿐인데
우리의 영혼이 가장 안전하고
모든 현상을 나의 판단 없이 바라보며
존재할 수 있는
예수님의 생명으로
충만한 길.

우리는 Zoe의 생명을 받아서 누리고
그 힘으로 다른 사람들을 살리기
위해 살아간다.

☑ 체크 포인트

하나님의 영원한 생명으로 그분이 머리 되신 삶은
영과 혼과 몸이 하나가 된다.
이 영원한 생명과 분리될 때
고통스러운 종교 생활을 하게 되어 있다.

① 율법의 짐을 지고 있지는 않은가!

이분법적인 삶: 판단의 영

좁은 길로 가기 위해 '금하면서' 율법의 짐을 지고 있지 않은가!

좁은 길로 가는 것은 율법과 금기와 금욕이 아니다. 기독교는 정신 수양과
자기 성찰이 아니라, 영원한 생명이신 예수 그리스도를 머리로 두고 사는 삶이다.

주의! 내 마음대로 살아야지. Nope!
통 생명으로 살라는 것이지 기준 없이 마음대로 살라는 게 아님!

② 육신, 안목, 이생의 자랑을 '숨기면서' 살고 있지 않은가!

기복적인 삶: 기복의 영

기복적으로 살고 싶은데, 살아지지 않는 지옥 같은 딜레마 😠

이것은 정욕의 에너지를 가지고 인간의 정신을 머리로 두고 사는 삶이다.

주의! 내 삶이 정욕적이면 어떻게 하지? Nope!
걱정한다고 되나요? 스스로 혼자 분별하는 것을 조심하세요!

⭐ 생명 지점을 확보하고 확장하라

영원한 생명 안으로,
하나님의 영과 진리가 살아 있는 시간, 공간, 관계 안으로
스스로를 내어주라.

조에의 영원한 생명으로 살아가고 있는 공동체는, '율법과 교훈적인 말씀을 넘어'
빛과 어둠을 가르는 살아 있는 복음의 말씀으로 깨워지고 성령의 임재가 가득한
예배, 말씀, 찬양, 관계가 위빙(weaving)되는 임재의 장이다.

영과 혼과 몸이 성령님과 하나가 되어 한 점이라도 온전하게 살려고 해야 한다.
하나님을 사랑하고, 나를 사랑하고, 남을 사랑할 수 있는 단 한 점이라도 있다면
희망이 있다.

그 점을 받아 삶에서 실현하면서 증거한다면, 많은 것이 달라져 있을 것이다.
하나님과 연결되어 있는 현실은 실상과 연결된 진짜 세계니까.

⭐ 나의 어웨이크닝 포인트

*본문의 내용 중 새기고 싶은 문장이나, 읽으면서 깨달은 것을 적어 봅니다.

_____

_____

_____

_____

내가 그리스도와 함께 십자가에 못 박혔나니 그런즉 이제는 내가 사는 것이 아니요 오직 내 안에 그리스도께서 사시는 것이라 이제 내가 육체 가운데 사는 것은 나를 사랑하사 나를 위하여 자기 자신을 버리신 하나님의 아들을 믿는 믿음 안에서 사는 것이라

▌갈라디아서 2장 20절

4. 노예 해방의 원조, 예수 죽음

예수님과 함께 죽었다면
그곳은 썩은 냄새가 나지 않습니다!

복음은 '기쁜 소식'이라는 뜻입니다. 우리는 기쁜 소식에 생명에 대한 소식만 있다고 생각합니다. 그런데 놀랍게도 기독교가 말하는 생명에는 반드시 죽음이 포함되어 있습니다. 바로 예수 그리스도의 십자가의 죽음입니다.

죽음은 나의 힘!

많은 사람들이 죽음을 꺼리고 처참하게 여기며 어리석다고 말합니다. 그런데 기독교는 이 죽음이 힘이요 유익이요 보물이라고 말합니다. 그래서 이 십자가의 죽음은 세상이 이해할 수 없는 감추어진 비밀입니다. 이 죽음의 비밀을 분명하게 알게 된다면 스스로 살려고 애를 쓰는 사람들과 비교할 수 없을 만큼 큰 능력을 가지게 될 것입니다. 죽기 전과 후가 상상할 수 없을 만큼 다른 것처럼, 십자가의 죽음은 하나님의 생명으로 옮겨지는 큰 분기점입니다. 죽음은 세상이 주는 모든 생명을 폐합니다. 모든 자랑거리를 폐할 뿐만 아니라 이 세상에서 지고 있던 모든 고통과 어려움과 채무 관계들을 완전히 없애 버립니다. 십자가에서 우리는 이전에 살았던 모든 것에 대해 죽습니다. 우리 생각에 악한 것에서만 죽는 것이 아닙니다. 선해 보이는 것과 좋아 보이는 것에 대해서도 죽습니다. 죽은 자는 좋은 것과 나쁜 것을 구분하지 못하는 것과 같은 원리입니다.

성경은 우리에게 날 때부터 주어진 의문의 빚 증서들이 있다고 말합니다(골 2:14). 어디서부터 왔는지 알 수 없는 빚 문서들이 우리를 죄의 노예로 살게 합니다. 그러나 예수님은 십자가에서 그 빚 문서를 도말하시고 제하여 버리셨습니다. 의문의 빚 증서로 인해 노예 계약을 맺었던 우리는 십자가에 예수님과 함께 못 박혀서 완전히 죽었습니다. 그래서 죽은 자는 더 이상 노예가 될 수 없습니다. 아멘! 눈만 뜨면 우리를 괴롭히는 그 비참한 모든 현실에서 우리는 해방되었습니다. 죽음은 해방과 자유입니다. 죽은 사람은 어떻게 살아야 할지에 대해 눈 뜨자마자 고민할 필요도 없고, 궁궐 같은 집에 살기 위해 애걸복걸할 필요도 없습니다. 죽음으로 인해 우리가 애착하고 얽매였던 것에서 완전히 해방되었기 때문입니다. 죽은 자는 걱정할 수가 없습니다. 생각과 감정이 멈추었기 때문입니다. 행동할 수도 없고 볼 수도 없습니다. 사랑할 수도 없고 괴로워하지도 못합니다. 죽음이 복음의 비밀입니다!

예수님은 십자가에서 죽는 시늉만 하시고 다시 살아나신 것이 아닙니다. 그분은 실제로 모든 살아 있는 것에 대해 죽으셨습니다. 예수님을 주님으로 고백하는 사람들은 모두 이 죽음을 경험합니다. 우리가 주님과 '연합하여 온전히 죽었다'는 것을 믿고 기도하십시오. 이미 죽은 자아가 다시 살아나려고 할 때 십자가를 선포하며 기도하십시오. 이미 죽은 자아와 함께 어울려서 행동하면 점점 기도하기 힘들어집니다. 저 멀리서 죽음의 기운이 살아 있는 척하고 다가올 때 '죽은 시체가 다시 돌아다니려고 하는구나!' 하고 알아차리고, 그것이 이미 예수님의 십자가에 못 박혔음을 믿음의 눈으로 바라보아야 합니다.

예수 생명은 태양력의 시간에 갇히지 않아

 예수님의 십자가에는 중요한 비밀이 있습니다. 바로 '시간의 현재성'입니다. 하나님은 어제나 오늘이나 동일하시기 때문에 그분의 시간 안에서 예수님의 십자가 사건이 우리의 현재와 연결되어 있습니다. 그래서 믿음은 우리가 그리스도와 함께 십자가에서 죽은 것을 믿는다는 것입니다. 이 현재성은 어제나 오늘이나 동일하신 하나님의 시간 안에 있습니다. 하나님 안에서 우리의 시간은 과거-현재-미래라는 태양력의 시간에 갇히지 않습니다. 예수 그리스도의 죽음과 연합함으로써 카이로스의 시간, 영원한 생명의 시간을 얻게 되었습니다. 이 연합이 우리의 삶에서 구체적으로 적용되는 것이 복음입니다. 우리가 이천여 년 전에 이미 온전히 죽었다는 것은 완료 시제입니다. 그렇기에 '내가 죽어야지.' 하며 죽기 위해 스스로 애쓸 필요가 없습니다. 이미 죽었다는 사실을 믿음의 눈으로 바라보고 선포하고 사십시오.

예수님과 연합한 온전한 죽음에는 비밀이 있습니다. 바로 그 안에 생명이 있다는 것입니다. 죽음 안에 생명이 있고, 생명 안에 죽음이 있습니다. 이 비밀을 깨달은 바울은 이렇게 고백했습니다. "그런즉 이제는 내가 사는 것이 아니요 오직 내 안에 그리스도께서 사시는 것이라"(갈 2:20). 이는 우리가 살았던 모든 것에 대해 죽고, 이제는 예수 그리스도의 생명으로 살아간다는 고백입니다. 예수 그리스도께서 내 안에 사실 때는 있는 그대로의 자연스러운 나라면 상상할 수 없었던 일들을 행하게 됩니다. 강한 믿음이 생기고 미래를 향한 소망이 생기며, 넓은 관용과 사랑의 생명의 능력이 발견됩니다. 절대 예전의 내가 아닌, 그리스도께서 내 안에 대신 사시는 것이 분명하게 인식되고 느껴집니다.

죽음 안에는 생명의 연합이 있습니다. 하나님께서는 이 비밀을 우리가 믿기만 하면 주신다고 약속하셨습니다. 우리는 매 순간 그리스도와 함께 죽고 매 순간 그리스도와 함께 살아납니다. 이제 우리가 육체를 가지고 구체적으로 보고 듣고 말하고 행동하는 것은 "나를 사랑하사 나를 위해 자기 자신을 버리신 하나님의 아들을 믿는 믿음 안에서 사는 것"(갈 2:20)입니다. 이것이 우리 삶을 살아 있게 합니다. 먼저 예수님과 함께 죽고, 또 예수님과 함께 사는 것이 내 안과 밖에서 분명하게 체험되기를 사모하십시오.

살아도 죽어도 예수님과 함께

그리스도와 연합하여 죽었다는 사실이 실감 나지 않는다는 분이 많습니다. '죽음'을 묵상할 때조차도 자꾸 '내가' 애를 써서 죽는 것을 연상하기 때문입니다. 아닙니다. 그것은 예수 그리스도와 '함께 연합하여' 죽은 죽음이 아닙니다. 내 마음을 꺾어 억지로 죽으려고 애를 쓸 때는 항상 억울함과 자기 의(義)가 남게 됩니다. 이것이 바로 스스로 자아를 죽이려 할 때 풍기는 죽은 시체의 냄새입니다.

그러나 예수님의 무덤에는 시체가 없었습니다. 그분의 죽음은 깨끗하고 온전했습니다. 그분의 죽음은 '생명의 영이신 하나님 아버지와 연합하여' 부활 생명이 가득했기 때문입니다. 우리의 옛사람이 죽을 때에도 이런 은혜가 있어야 합니다. 예수님의 무덤에도 하나님을 향한 신뢰와 생명으로 일으키는 은총이 있었듯이, 우리의 자아 부정에도 죽음을 이기고도 남는 큰 은총과 믿음이 전제되어야 합니다. 은혜가 있어야만 예수님과 함께 '연합하여' '믿음으로' 죽을 수 있습니다. 그리고 이 지점에서 매우 중요한 영적 원리가 있습니다. 그 죽음은 관념이 아니라 '구체적인 삶에서' 일어난다는 것입니다. 은혜의 자리를 사모하십시오. 구체적인 삶의 자리에서 자아를 꺾어내는 십자가의 자리마다 예수 그리스도와 연합하십시오.

'내가 죽느냐 않느냐'는 그다지 중요하지 않습니다. 실제로 그리스도 안에서 죽고 장사지낸 것을 믿는 믿음이 중요합니다. 죽은 자는 말이 없습니다. 죽은 자는 생각하지 못합니다. 죽은 자는 화를 내지 못합니다. 실제로 죽었기 때문입니다. 나의 죽음을 생명으로 변화시키는 예수 그리스도의 죽음 안에 비밀이 있습니다. 십자가는 죽음의 권세를 이긴 죽음입니다. 십자가의 현재성은 실제로 예수님께서 십자가에서 돌아가신 이천 년 전 그날에 내가 죽었다는 의미입니다. 이 부활의 생명은 믿음으로 고백하고 성령으로 살아내는 과정을 통해 체험됩니다. 기도를 통해 보좌로부터 흘러나오는 생명수가 죽음을 덮는 것입니다.

"구하는 이마다 받을 것이요 찾는 이는 찾아낼 것이요 두드리는 이에게는 열릴 것이니라 너희가 악할지라도 좋은 것을 자식에게 줄 줄 알거든 하물며 너희 하늘 아버지께서 구하는 자에게 성령을 주시지 않겠느냐 하시니라"(눅 11:10, 13). 간구하십시오. 이 말씀의 병행 구절인 마태복음 7장 11절은 성령을 '아가도스(좋은 것, ἀγαθός)'라고 말합니다. 하늘 아버지께로부터 오는 가장 좋은 선물이 성령임을 먼저 믿으십시오. 가장 좋은 아버지의 선물, 성령보다 더 구하고 찾는 것이 많았음을 회개하십시오. 아버지께서 이미 그 일을 나와 그리스도의 몸된 교회에 시작하셨음을 믿고 감사하십시오.

진리의 영, 생명의 영은 항상 살리는 영입니다. 참 생명의 영이신 예수 그리스도 안에는 생명의 성령의 법이 있습니다. 예수 그리스도는 영원한 생명의 공급자가 되십니다. 예수 그리스도 안에 있는 생명의 법이 속이는 정신과 정과 욕으로 구성된 육신의 사망을 법을 이겼습니다. 주님, 살리는 영으로, 생명수로 모든 죽음의 법과 권세를 덮어주시고 예수 그리스도 안에서 생명으로 연합된 자가 누리는 기쁨으로 살게 하옵소서.

십자가의 죽음이
복음의 비밀이다

★ 어웨이크닝 포인트

예수님께서 달리신 십자가에서
우리의 죄가 다 사해졌으므로
의문의 증서는 나에게 힘을
발휘하지 못한다.

사단은 사람에게 있는 영원한 생명
의 흔적을 도적질해서 자기 것으로
만들려고, 우리에게 증서를 들이대
며 고발한다. 그러나 예수 그리스도
의 십자가의 죽음으로 사하셨고, 용
서하셨고, 빚 증서 자체가 소멸되어
버렸다.

십자가의 죽음의 중요한 비밀 중
하나가 '시간의 현재성'이다.
하나님은 시간을 초월해 동일하게
계셨기 때문에, <u>예수님의 십자가는
'현재와도 연결되어'</u> 있다.

'예수님께서 십자가에서 돌아가신
<u>그 날, 이천여 년 전에 내가 그리스도
와 함께 연합하여 온전히 죽었다는
것'</u>이 실제이다.

<u>그래서 '지금' 우리는 예수님의 죽음과
연합함으로써 영원한 생명의 시간을
얻게 되었다.</u>

이 연합이 구체적인 삶에서 적용되는
것이 복음이다.

그런데 예수님과 연합된 온전한 죽음
은 그 안에 부활의 생명이 있다는
비밀이 있다. 죽음 안에 생명이 있고
생명 안에 죽음이 있다는 것이다.

나의 죽음에 '예수님의 죽음을 포갤 때'
이천여 년 전에 죽은 나는 예수님과 함
께 해방된 것이다. 예수님의 죽음이 해
방이기에.

이 죽음은 완전한 해방을 의미하며
거기서부터 우리의 한계 있는 생명이
초월되는 것이다.

☑ 체크 포인트

죽었다는 것은 조금 더 착해지는 것이나 보수나 수선이 아니다.

예수님 없이 나 혼자 죽으려고 할 때, 억울함과 자기 의가 남는다.

😮 관념적으로 느껴지는데요?

주의! '죽음'을 묵상할 때조차도 '내가' 애를 써서 죽는 것을 연상하기 때문입니다. 예수님과 함께 '연합하여' '믿음으로' 죽는 것입니다. 먼저 하늘 아버지께로 오는 가장 좋은 선물이 성령이심을 믿으십시오. 성령님보다 더 구하고 찾는 것이 많았음을 회개하십시오. 구체적인 삶의 자리에서 자아를 꺾어내는 십자가의 자리마다 예수 그리스도와 연합하십시오. 오직 믿음으로 고백하고 성령님과 함께 살아내는 과정을 통해 체험됩니다.

⭐ 나의 어웨이크닝 포인트

*본문의 내용 중 새기고 싶은 문장이나, 읽으면서 깨달은 것을 적어 봅니다.

_____

_____

_____

_____

_____

이렇게 입음은 우리가 벗은 자들로 발견되지 않으려 함이라 참으로 이 장막에 있는 우리가 짐진 것 같이 탄식하는 것은 벗고자 함이 아니요 오히려 덧입고자 함이니 죽을 것이 생명에 삼킨 바 되게 하려 함이라

▎고린도후서 5장 3~4절

5. 조에가 사망을 삼켜 버리기에

옛사람도 사명이 있습니다.
그것은 밀알처럼 죽어 새사람의 거름이 되는 것입니다.

영원하며 어느 것과도 비교할 수 없이 크고, 전혀 차원이 다른 조에
(Zoe)의 생명은 죽음을 삼키고도 남습니다.

조에의 무덤에는 시체가 없다

조에의 생명과 죽음을 생각할 때, 항상 생명의 차원이 더 큰 순서와 부
등호를 기억하는 것이 중요합니다. 사단은 이 진리를 감추려고 우리의 육
신인 프쉬케(Psyche)의 죽음을 두렵게 포장하고 비오스(Bios)의 생명이
전부인 것처럼 포장합니다. 그러나 십자가의 죽음에는 시체가 없습니다.

이것이 십자가 죽음의 비밀입니다. 죽는다고 하더라도 내가 애를 써서
죽으면 시체 냄새가 납니다. '꼴 보기 싫어 죽겠지만 원수를 사랑하라고
하셨으니 사랑해야지…' 하면서, 억지로 '내가' 죽음의 주인공이 되어 애
를 쓰면 시체 썩는 냄새가 계속 풍기게 됩니다. 무덤 안에서 시체가 썩고
있는데 정신적 포장만 그럴듯하게 하면 겉만 회칠하는 꼴이 됩니다.

예수님께서 사시던 당시에 팔레스타인에서는 무덤을 회칠하는 풍습이
있었습니다. 무덤에 시체가 있어 냄새나는 죽음의 현장을 가리기 위해서
회칠을 그럴듯하게 했습니다. 겉으로 보면 그럴싸하지만, 속에는 시체가

들어 있습니다. 어쩌면 우리의 삶이 이와 같을 수 있습니다. 그러나 예수님의 무덤에는 시체가 없었습니다. 바로 이 은혜가 있어야 합니다. 비밀은 '주 안에서' 이미 죽었음을 '믿고 행하는 것'입니다. 자기 부정에는 이 죽음의 냄새를 제거하고도 남는 큰 조에의 생명이 전제되어야 합니다. 우리가 예수님과 함께 부활을 전제한 죽음에 연합되었다면 그 무덤에는 시체가 없습니다. 썩은 냄새가 나지 않습니다. 억울함도, 원통함도 없습니다. 이렇게 깨끗하게 죽었다는 것이 얼마나 멋있습니까? 이것이 우리의 자유의 힘입니다.

예수님은 빈 무덤에서 시체 없이 살아나셨습니다. 그분은 부활한 생명이시기 때문입니다. 우리가 예수 그리스도의 부활한 생명 안에서 죽는다면, 죽어도 그저 죽는 것이 아닙니다. 십자가에서 온전히 죽으신 예수님께서 궁극적으로는 하나님의 보좌 우편에 올라가셨다는 것을 기억하십시오. 우리도 예수님과 함께 하나님의 보좌와 가까운 곳으로 가야 합니다. 그분의 보좌에는 빛과 끝없이 흐르는 영원한 생명수가 흐르고 있습니다. 그 보좌로부터 오는 빛과 생명수로 우리 안을 채워야 합니다. 또한 예수님께서 이 땅에 다시 오셨듯, 우리도 예수님과 함께 내려와야 합니다. 은혜를 받고 우리만 행복한 것이 끝이 아닙니다. 그곳에만 마냥 머물러 있으면 찬양하고 말씀을 읽고 그분과 사랑의 대화를 하는 시간조차도 관습이 될 수 있습니다.

누군가 죽은 나를 대신해서

성령은 예수 그리스도의 영이십니다. 예수님은 역사 속에 오셔서 구체적으로 유일회적인 시간과 공간에 들어와 사셨습니다. 구체적으로 오셨고, 죽으셨고, 다시 사셨고, 다시 오십니다. 다시 오신 영이 성령이십니다. 예수님께서 성령으로 우리에게 오실 때 혼자 다니지 않으십니다. 하나님 아버지께서 하늘에서 '이미 이루신' 일을 하러 천군 천사를 함께 대동하고 오십니다(시 91:11). 그래서 우리가 예수님과 함께 다닐 때는 천군 천사가 대동합니다. 이것을 모르고 고아처럼 사는 사람들이 있습니다. 그들은 눈에 보이는 현실에 눌려 아버지가 계신다는 것도 모르고, 자신에게 하나님께서 시중들라고 붙여준 천사가 있다는 것을 평생 모르고 삽니다.

예수님께서 구체적으로 살아가셨던 그 삶이 우리의 삶 속에 함께 연합될 때 우리의 옛사람은 온전히 죽고 그분의 생명과 연합되어 살게 됩니다. 그럴 때 우리는 새로운 경험을 합니다. '더 큰 새로운 힘이 예전의 나를, 죽음을 향해 가는 비오스의 삶을 삼켰구나. 이제는 내가 사는 것이 아니구나. 이전의 내 생각이 아니네. 이전의 내 감정도 아니네. 내가 지금까지 행동했던 방식이 아니네.' 기도하거나 예배를 드리고 나서 이런 것을 느껴야 합니다. 예수께서 내 안의 가장 가까운 곳에 분명하게 계셔서, 내가 사는 것이 아니고 죽은 나를 대신하여 예수께서 사시는 것을 경험해야 합니다. 우리는 이 생명으로 사는 것입니다.

우리는 말과 삶으로 옛사람의 죽음과 새사람의 부활을 증거 하는 사람들입니다. 옛사람으로 사는 것은 진짜 사는 것이 아니고, 예수 생명으로 다시 연합되어 사는 것이 진짜 사는 것이라고 증거해야 합니다. 시늉만 하는 것이 아닙니다. 살아 계신 하나님의 아들 예수 그리스도께서 우리의 주인이 되시고 우리 안에 계시면서 연합하여 구체적으로 살아 주시는 삶, 이것이 새사람의 삶입니다.

벌거벗은 죽음 VS 생명으로 가득 찬 죽음

참으로 산다는 것이 무엇이고 또 죽음 이후에는 무엇이 있는지 아는 것은 우리를 자유롭게 하고 힘 있게 하며 지혜롭게 합니다. 사람들은 장례식장에 가면 죽은 자가 불쌍하다고 말합니다. 그래도 산 사람은 살게 되어 있기 때문에 불쌍하지 않다는 것이지요. 그 말도 어떤 측면에서는 일리가 있습니다. 그런데 한편으로 이 땅에서 괴롭고, 외롭고, 상처받고 주눅 들어, 죽지 못해서 사는 이들을 보면 오히려 그 사람이 불쌍해 보입니다. 또 점점 악해져 가는 세상을 보면 오히려 산 사람들이 불쌍한 처지에 있는 것 같아 보입니다. 자연재해와 환경오염의 소식을 접할 때마다 다가올 미래를 불안해하며 사는 것이 도대체 무엇인지 염려하게 됩니다. 그럼에도 불구하고 육체를 입고 있는 동안에는 살아 있는 것이 그래도 더 좋다고 막연하게 생각할 수 있습니다.

그러나 사도 바울은 고린도 교인들에게 편지하며 차라리 육신의 장막을 벗고 주님 곁으로 가고 싶은 마음을 전합니다(고후 5:8). 이는 이 땅에서 사는 것이 힘들고 어려워서 빨리 죽으면 좋겠다는 말이 아닙니다. 바울은 중요한 핵심을 대구 구절로 말하고 있습니다. 고린도후서 5장 4절에 "참으로 이 장막에 있는 우리가 짐 진 것 같이 탄식하는 것은 벗고자 함이 아니요 오히려 덧입고자 하는 것이니"라고 말하고 있습니다.

우리에게는 두 가지 죽음이 있습니다. 육신이 다 벗어지고 난 후에 남는 것이 없는 죽음이 있고, 육신을 다 벗어버리고 난 후에 덧입은 것이 계속 쌓여서 남은 것이 많은 죽음이 있습니다. 이 두 가지는 전혀 다릅니다. 하나는 벌거벗고 죽는 죽음이고, 다른 하나는 그리스도의 새로운 옷을 입어 생명으로 가득 찬 죽음입니다. 그리스도와 합하기 위해서 세례를 받은 자는 그리스도로 옷을 입었고 그 생명으로 가득한 사람입니다. 바울은 이것을 생명이 죽음을 삼키는 것이라고 말합니다. 비오스의 삶을 사는 사람은 죽음에 점점 삼켜지면서 살다가 끝내 벌거벗고 죽습니다. 그런데 믿는 사람들은 오히려 생명이 죽음을 삼키는 삶을 삽니다. 이것이 기독교의 위대한 비밀입니다. 자연스럽게 그대로 두면 죽음으로 끝나버리는 삶을, 그리스도의 보혈로 말미암아 영원으로 사는 생명이 매일매일 삼키는 삶으로 살아야 합니다. 하나님께서 우리를 언제 부르실지 알 수 없지만, 우리는 매일 이 생명으로 나날이 죽음을 삼키면서 옛사람을 벗어버리고 새로운 생명으로 점점 온전하게 되어가는 것입니다.

십자가의 용광로에서

어떤 이는 조에의 생명이 사망을 삼킨다는 것이 막연하다고 말합니다. 마음 수련을 하는 곳에서는 우주의 블랙홀 같은 곳에 모든 부정적인 생각이나 두려움을 던져버리는 상상을 하라고 합니다. 그러나 십자가의 생명으로 살아가는 삶은 그렇게 관념적인 수행이 아닙니다. 우리가 한 번도 진지하게 생각해 보지 않은 진리가 있습니다. 십자가는 능력이며 구체적인 삶이라는 것입니다!

삶에 주어진 십자가를 지고 매일 한 걸음씩 믿음으로 승리하며 걸어가야 합니다. 그 걸음걸음마다 생명이 사망을 삼키는 능력이 담기는 것입니다. 이는 절대로 상상이나 관념이나 경건 연습이 아닙니다. 십자가와 부활의 능력이 우리의 것이 되기 위해서는 구체적인 삶을 드려 십자가의 용광로를 통과해야 합니다. 이것은 기술이 아닙니다. 또 정신 강화나 자기 나름의 상상력을 동원하는 것도 아닙니다. 십자가와 부활의 능력은 항상 구체적이고 생생한 삶에서 일어납니다.

우리의 구체적인 삶에는 부유함도 있고 결핍도 있습니다. 행복할 때도 있지만 때론 정말 두렵고 고통스러울 때도 있습니다. 이 모든 것이 우리의 삶을 드려 십자가 앞으로 나아가는 재료가 됩니다. 특별히 하나님이 허락하신 고통은 옛사람의 실상을 깨닫게 하는 비밀이 됩니다. 고통과 분노, 원망과 같은 느낌은 너무 강력해서 그 어떤 것에도 절대 녹여지지 않을 것이라 생각하기 쉽습니다. 그러한 시험이 들 때 하나님을 신뢰하며 끝까지 씨름해 보십시오. 늘 은혜 가운데 있으세요.

십자가의 용광로 안에서 주님은 우리의 옛사람의 실상을 보이시고, 새로운 마음을 지어주십니다. 우리의 분노와 원망 배후에 있는 죄와 역동, 동기를 알아차리게 하십니다. 그리고 그 모습이 내 옛사람의 정체라는 것을 생생하게 알게 하십니다. 그러니 구체적인 삶의 고통이 찾아올 때, 조에의 생명으로 살아가고자 십자가 앞으로 나아가십시오. 이 과정을 통해서 옛사람의 정체가 밝혀지고 죽고, 새생명이 형체를 입고 있다는 것을 믿으십시오. 그러면 하나님께서 눈물로 기도하는 그 자리를 뜨거운 십자가의 능력으로 녹이시면서 생생하게 살아 있는 능력을 경험하게 하십니다.

옛사람은 아무리 궁리해도 새사람에 대해서 알 수 없습니다. 옛사람의 유일한 사명이 있다면, 밀알처럼 죽어 새사람의 거름이 되는 것입니다. 우리는 옛사람이 죽어서 새사람의 생명이 피어날 수 있도록 옛사람의 본질인 자기중심적 자아를 매일 십자가의 죽음 앞으로 가져가야 합니다. 이미 죽은 자아를 가지고 내가 또 죽어야 한다고 생각하지 마십시오. 이미 죽었습니다. 내가 스스로 죽이려 하니 그토록 고달프고 힘든 것입니다. 예수 그리스도의 십자가 안에서 우리는 이미 죽었습니다. 죽음이 두려운 것이 아니라 생명으로 살지 못하는 것이 두려운 것입니다. 죽음은 이미 정복되었습니다. 내가 죽음을 지금 이기고자 하는 것이 아닙니다. 보이는 세상과 비오스의 생명이 전부라고 속으면 죽음이 두려워집니다. 우리는 보이는 세상과 비오스의 생명이 전부라고 속이는 정신이 있음을 압니다. 다만 십자가 앞으로 나아가십시오. 십자가는 죽음이 생명으로 변화되는 은혜의 용광로입니다.

우리는 기도합니다

 주님, 이 세상 어떤 것과도 비교할 수 없는 것이 예수님 안에 있는 것임을 깨닫게 해주셔서 감사합니다. 주님 안에서 발견한 이 보배만을 가지고 이 세상 한복판에 나아갑니다. 주님의 생명의 용광로 안에서 우리를 새롭게 창조하여 주옵소서.

생명은 '믿음' 가운데 역사하여 권세를 가지고 승리하게 한다

★ 어웨이크닝 포인트

우리가 죽음의 냄새를 제거하고도 남는 큰 조에의 생명, 전혀 다른 조에의 생명과 연합될 때 죽음을 삼키고도 남는다.

사단은 이 진리를 감추려고 비오스의 생명이 전부인 것처럼 포장한다.

구체적으로 우리의 삶 속에서 연합될 때, 우리의 옛사람은 죽고 그분의 생명과 연합되어 살게 된다.

옛사람도 죽어서 거름이 되어 새사람의 생명이 피어나게 한다면, 사명을 다한 것이다. <u>우리는 옛사람의 본질인 자기중심적인 자아를 매일 십자가의 죽음 앞으로 가져가야 한다.</u>

전혀 차원이 다른 조에의 생명으로 살 때,

우리는 '내가 사는 게 아니네, 내 생각과 감정과 행동방식이 아니구나, 죽은 나를 대신해서 예수께서 우리 주인이 되시고 우리 안에 계시면서 우리를 대신해서 구체적으로 살아주시는 거구나.' 하고 경험하게 된다.

조에의 생명으로 살기 위해서는 하나님의 보좌로부터 오는 빛과 끝없이 흐르는 영원한 생명수로 우리 안을 채워야 한다.

예수 그리스도의 영, 성령님이 이 땅에 오실 때는 천군 천사를 대동하고 하나님 아버지께서 하늘에서 이미 이루신 일을 하러 오신다.

<u>우리가 천사보다 낫고, 악한 마귀보다도 권능이 있는 존재라는 것을</u> 아는 것이 중요하다.

기독교의 비밀은
그리스도의 새로운 옷을 입어 생명으로 가득 찬 죽음을 맞이하는 것, 영원으로 사는 생명이 그리스도의 보혈로 말미암아 죽음을 매일매일 삼키는 것이다.

바울은 하늘로부터 오는 신령한 몸으로 덧입기를 날마다 사모하고, 그 육신을 벗는 날에 벌거벗은 사람으로 주님 앞에 서지 않도록 기도한다고 했다.

하나님께서 우리를 언제 부르실 지 알 수 없지만, 매일매일 이 생명으로 나날이 죽음을 삼키면서, 옛사람을 벗어버리고 새로운 생명으로 온전하게 되는 삶을 살아야 한다.

우리 모두 그리스도로 옷 입어 주님께서 부르시는 그 순간까지 이 땅에서 계속 충만한 생명이 나날이 덧입혀지고 왕성하며 강해지는 삶을 살아가기를 소망한다.

☺ 안 믿어지는데, 순종이 가능한가요?

정말 영원한 생명으로 살고 싶고, 예수님의 능력과 성품을 가지고 살고 싶다는 갈망이 중요합니다. 먼저 그의 나라와 의를 구할 때, 다른 모든 것을 책임져 주신다는 것을 감사함으로 신뢰하면서, 내 욕구와 계획을 모두 아시는 하나님께 올려드리면 하나님은 모른 척 하지 않으십니다. <u>믿음은 우선순위에 해당하는 영역</u>이며, 실전이 중요합니다. <u>순종은 세상의 가장 똑똑한 것보다 하나님의 어리석음이 낫다는 믿음이 있어야 가능한</u> 일입니다. 매일 영원한 생명을 내 것으로 삼기 위해 순종하며 사는 기쁨이 얼마나 큰지요. 즉시 순종하여 내 것으로 만듭시다!

주의! 먼저 그의 나라와 의를 구하라고 할 때, 내가 가진 욕구는 금하고 하나님 나라를 위해서 막노동하는 일꾼처럼 살다가는 불쌍한 삶이 아닙니다. 하나님 나라를 구하기만 하면 다른 모든 것은 채워주신다니… 얼마나 감사한 일인지요!

😌 마음 수련을 하는 곳에서는 블랙홀을 상상하며 그곳에 모든 부정적인 생각과 두려움을 던져버리는 명상을 하는데, 십자가의 죽음을 통해 조에의 생명이 사망을 삼킨다는 것도 그런 식으로 하면 되나요?

주의! 십자가는 상상이나 관념이나 경건 연습이 아닙니다. 십자가는 죽음이 생명으로 변화되는 은혜의 용광로입니다. 십자가와 부활의 능력이 우리의 것이 되기 위해서는 우리의 구체적인 삶을 드려 십자가의 용광로를 통과해야 합니다.

⭐ 모든 우리의 삶을 가지고 십자가 앞으로

> 우리의 구체적인 삶에는 부유함도 있고, 결핍도 있다. 행복할 때도 있고, 두렵고 고통스러울 때도 있다.
>
> <u>이 모든 우리의 삶을 가지고 십자가 앞으로 나아가는 것이다.</u>
> 특별히 구체적인 삶의 고통이 찾아올 때, 하나님이 허락하신 고통은 옛사람의 정체를 깨닫게 하고 새로운 마음을 지어주는 비밀이 있다. 하나님을 신뢰하며 조에의 생명으로 살아가고자 하는 마음을 붙잡고, 십자가의 앞으로 나아가 끝까지 씨름해보자.
>
> 인내와 눈물의 시간이 필요할 수 있다. 그러나 말씀과 예배의 임재 가운데 고민하며 임계점을 넘는 시간이 끝까지 필요하다. 그럴 때 끝없는 사랑으로 말씀으로 돌파하시는 진리의 영이 고정관념을 깨뜨려 주신다.
>
> 이 과정을 통해 옛사람의 정체가 밝혀지고(죽고), 새사람 새생명이 형체를 입고 있다는 것을 알게 된다. 그리고 눈물로 기도하는 그 자리를 주님의 뜨거운 십자가의 능력으로 녹이시면서 살아 있는 십자가의 능력을 경험하게 하신다.

⭐ 나의 어웨이크닝 포인트

*본문의 내용 중 새기고 싶은 문장이나, 읽으면서 깨달은 것을 적어 봅니다.

BOR
NAG
AIN

Chapter 3 | 회개, 아버지의 집으로

또한 그들이 마음에 하나님 두기를 싫어하매 하나님께서 그들을 그 상실한 마음대로 내버려 두사 합당하지 못한 일을 하게 하셨으니

로마서 1장 28절

6. 죄가 속한 허상의 세계

죄는
어둠의 권세와 연관된 것입니다.

죄에 대한 복음적 정의가 중요합니다. 죄의 문제는 단순히 범법 행위를 반성하고 고치는 차원이 아닙니다. 죄는 현상적인 허상의 세계가 전부인 양 착각하게 하고, 하나님과 관계 없이 영원한 생명 없이도 살 수 있다고 생각하게 만드는 모든 어둠의 전략과 연결되어 있습니다.

하마르티아의 덫

유교와 불교 문화권에 살고 있는 우리에게 죄는 주로 '도덕성'과 연관되어 있습니다. 그런데 성경에서 죄를 나타내는 단어는 헬라어로 '하마르티아(ἀμαρτία)'로, 하나님과의 '관계'에서 벗어난 상태를 가리키는 용어입니다. 예수님은 매일 율법을 연구하고 도덕적인 삶을 살고자 노력했지만 하나님과의 관계성은 형편없었던 바리새인들을 '독사의 자식들'이라고 부르셨습니다. 한편 비도덕적인 죄인들로 규탄받았던 세리와 창녀들은 예수님의 친구였고 구원받은 의인으로 간주되었습니다. 죄는 단순히 도덕과 율법의 차원이 아니라 영적인 관계의 문제이며 구원과 연관된 문제이기 때문입니다.

이 문제는 삶의 우선순위와 중심에 대한 것이기도 합니다. 사사기 2장 11절에서는 이스라엘 자손이 여호와의 목전에 악을 행하여 바알들을 섬

겼다고 했습니다. 즉 하나님 '앞에' 무엇을 두었는지가 중요합니다. 하나님보다 앞서 있는 우상들은 우리를 유익하게 하는 것 같으나 실상은 생명 없는 허상입니다. 이를 꼭 알아차리시기를 바랍니다. 세상으로부터 온 것, 곧 육신의 정욕과 안목의 정욕과 이생의 자랑이 하나님과 나와의 사이에 자리하고 있을 때, 우리는 모두 죄 아래 있고 흑암의 권세 아래에서 종노릇하고 있다는 것을 알아차리고 돌이켜야 합니다(요일 2:16). 회개는 하나님께로 다시 돌아가는 것입니다. 이 돌이킴을 위해서는 벗어나야 할 거짓과 허상의 세계에 대한 분별이 필요합니다.

 그러면 어떻게 허상의 세계를 분별할 수 있을까요? 먼저 성경이 허상의 세계에 살고 있는 이들에 대해 어떻게 이야기하고 있는지 살펴봅시다.

> 또한 그들이 마음에 하나님 두기를 싫어하매 하나님께서 그들을 그 상실한 마음대로 내버려 두사 합당하지 못한 일을 하게 하셨으니 곧 모든 불의, 추악, 탐욕, 악의가 가득한 자요 시기, 살인, 분쟁, 사기, 악독이 가득한 자요 수군수군하는 자요 비방하는 자요 하나님께서 미워하시는 자요 능욕하는 자요 교만한 자요 자랑하는 자요 악을 도모하는 자요 부모를 거역하는 자요 우매한 자요 배약하는 자요 무정한 자요 무자비한 자라 (롬 1:28~31)

이 말씀에는 허상의 세계에 살고 있는 방탕한 사람들의 방식과 본심이 드러납니다. 불의, 추악, 탐욕, 악의, 시기, 살인, 분쟁, 사기, 악독, 수군거림, 비방… 이 죄목들이 자신과는 전혀 상관없고 자신은 모든 면에서 완벽하다고 생각하는 사람은 많지 않을 것입니다. 죄는 일상에서 불시에 나타나기 때문에 이로부터 자유로운 사람은 찾기 힘들 것입니다. 반대로 조금이라도 바르게 사는 사람은 이런 사람들과 나는 거리가 멀다고 생각할 수도 있습니다. 그러나 성경은 여기서 더 나아가 인간의 실상을 낱낱이 고발합니다.

> 그러면 어떠하냐 우리는 나으냐 결코 아니라 유대인이나 헬라인이나 다 죄 아래에 있다고 우리가 이미 선언하였느니라 기록된 바 의인은 없나니 하나도 없으며 깨닫는 자도 없고 하나님을 찾는 자도 없고 다 치우쳐 함께 무익하게 되고 선을 행하는 자는 없나니 하나도 없도다 그들의 목구멍은 열린 무덤이요 그 혀로는 속임을 일삼으며 그 입술에는 독사의 독이 있고 그 입에는 저주와 악독이 가득하고 그 발은 피 흘리는 데 빠른지라 파멸과 고생이 그 길에 있어 평강의 길을 알지 못하였고 그들의 눈 앞에 하나님을 두려워함이 없느니라 함과 같으니라 (롬 3:9~18)

바울은 불의를 행하는 사람들에 관해 묘사한 후 자칭 의롭다고 생각하는 사람들에게도 묻습니다. "그러면 믿는다고 하는 너희는 나으냐?" 그 질문의 답은 이렇습니다. 기록된 바, 의인은 하나도 없다는 것입니다. 의인이 아닌 자들은 "깨닫지 못하고 하나님을 찾지 않습니다." 즉 깨닫지 못하고 하나님을 찾지 않는 것도 죄입니다. 죄에 빠져 있을 때 우리는 어느 한 부분으로 치우쳐서 옳다고 하고, 무익한 것을 쫓으며, 선을 행하지 않고, 목구멍은 열린 무덤 같으며, 혀로는 속이는 말을 하고, 입술에는 제어가 없어서 독설을 합니다. 이 모두가 허상의 세계에서 살고 있는 사람에게 나타나는 모습입니다. 그들의 길에는 파멸과 고생이 따릅니다. 그들은 진정한 평강의 길을 모릅니다. 하나님을 두려워하는 기색도 없습니다.

성경은 이러한 사람들을 "하나님을 알되 하나님을 영화롭게도 아니하며 감사하지도 아니하고 오히려 그 생각이 허망하여지며 미련한 마음이 어두워졌나니 스스로 지혜 있다 하나 어리석게 된 자"라고 서술합니다(롬 1:21~22). 즉, 하나님을 알기는 아는 사람들도 죄 가운데 있다는 것입니다. 이들의 현상을 보니, 하나님을 알기는 아는데 하나님을 영화롭게 하는 일은 하지 않고 지식적으로 알기만 합니다. 그들은 감사해야 할 일에 감사하지 않고, 또 감사하지 못할 일이 조금만 생겨도 불평합니다. 생각이 허망해지고 미련한 마음이 어두워져서 스스로 지혜롭다고 생각합니다. 이것이 다 죄 가운데 있는 사람의 특징입니다. 여기에 걸리지 않을 사람이 하나도 없습니다. 그래서 바울은 말합니다. 불의하다고 하는 죄인의 죄가 있고, 스스로 의롭다고 하는 의인도 죄가 있습니다. 인간은 모두 죄 아래 있습니다!

원죄, 사실은 하나님을 두기 싫어요!

죄의 문제를 해결하려고 할 때는 먼저 죄의 뿌리부터 아는 것이 중요합니다. 이런저런 죄를 짓지 말라고 하기 이전에 죄의 근본을 알아야 합니다. 성경은 모든 죄의 뿌리를 '마음에 하나님을 두기 싫어하고, 두려워하지 않는 것'이라고 말합니다.

> 또한 그들이 마음에 하나님 두기를 싫어하매 하나님께서 그들을 그 상실한 마음대로 내버려 두사 합당하지 못한 일을 하게 하셨으니 (롬 1:28)

이 말씀을 관념적으로만 받아들이면 죄가 나에게 어떤 현실로 드러나는지 제대로 알 수 없습니다. 그러나 깊이 묵상해 보십시오. 겉으로 보이는 죄들의 가장 근본적인 원인은 창세기 3장에 나타났던 것처럼 하나님을 두려워하지 않고, 그분을 싫어하고, 피해 다니는 삶 자체입니다. 우리가 하나님으로부터 떠나 있을 때 뱀이 틈을 타서 유혹합니다. 뱀은 마치 인간을 배려하고 높여주는 양, 너희가 하나님처럼 될까봐 하나님이 질투해서 선악과를 못 먹게 한 것이라고 하며 인간의 편을 들어주는 척합니다. 그러나 허상의 우두머리가 바로 뱀이며 사단입니다. 사단은 자기가 하나님 자리에 있기 위해서 인간을 그렇게 속입니다. 기억하십시오. 이 허상의 세계는 현상적이지만 실제로 있는 실상의 세계가 아닙니다. 모든 생명이 기대어 있는 실상의 피조계는 창조주 하나님으로부터 나옵니다. 반대로 하나님 없이 살아가는 모든 것은 허상의 세계에 속해 있습니다. 그곳은 생명이 아닌 죄와 사망의 법으로 되어 있으며 그 법 아래 사는 이들을 두려움과 유혹으로 다스립니다.

이 세상이나 세상에 있는 것들을 사랑하지 말라 누구든지 세상을 사랑하면 아버지의 사랑이 그 안에 있지 아니하니 이는 세상에 있는 모든 것이 육신의 정욕과 안목의 정욕과 이생의 자랑이니 다 아버지께로부터 온 것이 아니요 세상으로부터 온 것이라 이 세상도, 그 정욕도 지나가되 오직 하나님의 뜻을 행하는 자는 영원히 거하느니라 (요일 2:15~17)

어떤 세계든지 가장 상위의 차원이 있습니다. 그 자리는 단순히 지배적인 계층 구조의 꼭대기가 아니라, 그 세계를 생성하고 유지시키는 근원입니다. 성경의 창세기 1장부터 계시록 22장까지의 모든 세계를 존재하게 하신 창조주 하나님이 바로 그 자리에 계셔야 합니다. 그런데 사단은 그것을 부정하면서 자기 아래에 사람들과 피조물을 두고 싶어 합니다. 그래서 사람들과 피조물을 높여주는 것처럼 속이면서 실제로는 흑암의 권세를 가지고 그들을 지배합니다. 그 지배 관계의 근본에는 하나님을 마음에 두기 싫어하고 그분을 경외하지 않는 마음이 있습니다. 이 근본적인 죄 앞에서 누구도 자유로울 수 없습니다. 모든 인간에게 이 뿌리 깊은 죄가 있음을 고백하고 돌이키십시오. 우리 영의 가장 근본에 하나님 두기를 사모하며 바른 회개와 믿음 생활을 시작하십시오.

우리는 기도합니다

주님, 우리를 유익하게 해 주는 것 같았던 우상들이 실은 우리를 두려움으로 지배하고 있었음을 깨닫습니다. 또 그 근본에 하나님을 마음에 두기 싫어하고 내 마음대로 살고 싶은 마음이 있었음을 고백합니다. 그 결과는 허무와 어둠뿐이었습니다. 이제 사랑이 충만하시고 무엇이든 주실 수 있는 아버지의 집으로 돌아갑니다. 이 사랑의 관계가 더욱 강건하고 충만해지도록 도와주시옵소서. 아버지의 사랑으로, 성령의 법으로 우리를 다스려 주시고 당신의 충만한 세계로 인도하여 주시옵소서.

죄는 '어둠의 권세와 관련된 영적인 문제이며, 하나님과의 관계성 문제'이다

★ 어웨이크닝 포인트

의인은 하나도 없다.
인간은 모두 죄 아래 있다.

불의를 행하는 사람들
(방탕/ 정욕파)
: 죄가 현상으로 드러남
비도덕적 죄인들, 세리와 창녀

스스로 의롭다 생각하는 사람들
: 현상으로 드러나지 않고
자신의 무의식을 모를 뿐!
스스로 판단하는 재판장, 바리새인들

원죄,
죄의 근본 원뿌리는
'하나님을 두려워 않고
하나님을 싫어하는 데' 있다.
우리가 이를 깊이 이해해야 한다.

우리는 스스로는
해결할 수 없는 죄의 운명.

하나님 없이 살아가는 모든 것은
죄가 속한 허상의 세계이며,
이 허상의 세계의 권세는
흑암의 권세이다.

★ 허상의 세계의 실체

죄는 허상의 세계와 연결되어 있다.
허상의 세계는 생명 아닌 죄와 사망의 법으로 되어 있으며,
이 법 아래 사는 이들을 두려움과 유혹으로 다스린다.

인간을 배려하고 높여주는 척하면서
영원한 생명과 멀어지게 하는 속임수를 경계하라!

😮 그럼 어떻게 하나요?

> <u>죄의 원뿌리에 대해 깊이 이해하고</u>
> <u>우리 스스로 해결할 수 없다는 것을 인정하십시오.</u>
>
> 매일매일
> 먼저 그의 나라와 의를 구하며
> 우리 안에 성령께서 오시도록
> 마음을 내어드릴 때
>
> 생명의 성령의 법이 우리를 다스리며 새사람이 강건해지고
> 옛사람의 힘은 점점 더 영향력을 잃게 됨을 경험하게 될 것입니다!
>
> 하나님 두기를 사모하며,
> 바른 회개 생활을 시작하세요!

⭐ 나의 어웨이크닝 포인트

*본문의 내용 중 새기고 싶은 문장이나, 읽으면서 깨달은 것을 적어 봅니다.

_____

_____

_____

기록된 바 의인은 없나니 하나도 없으며 깨닫는 자도 없고 하나님을 찾는 자도 없고 ▍로마서 3장 10~11절

7. 단순하게 돌이키라

어둠의 영들의 가장 큰 목표는
우리를 하나님으로부터 끊어내는 것입니다.

오래 전, 모스크바의 신학교에 강의하러 갔다가 초대하신 분의 호의로 수도원들과 교회들을 순례할 기회가 있었습니다. 어느 정교회의 예배당을 들어섰을 때였습니다. 천장부터 바닥까지 드리워져 있는 렘브란트(Rembrandt Harmenszoon van Rijn)의 '돌아온 탕자' 그림이 저를 맞이해 주었습니다. 그 그림의 아우라가 얼마나 압도적인지 경외감이 일어날 정도였습니다. 그 그림 밑에는 "잘 왔다, 내 아들. 여기가 네 집이다."라는 문구가 러시아어로 쓰여 있었습니다. 저는 창으로 밀려들어 오는 햇볕을 받으며 돌아온 아들을 맞이하는 아버지의 감은 눈을 가만히 쳐다보았습니다. 그림 앞에서 한참을 가만히 머무르며 흐르는 눈물을 주체할 수가 없었습니다.

제가 속한 영성 공동체의 예배당과 영성 수련장에는 언제나 렘브란트의 '돌아온 탕자' 그림이 걸려 있습니다. 누구라도 그 앞에 앉아있으면 주님께서 "잘 왔다. 내 아이야, 여기가 너의 집이다."라고 말씀하시던 그때의 감동이 되살아나리라 믿습니다. 이 그림에는 무엇보다도 '회개'의 의미가 잘 담겨있습니다. 회개는 아버지가 계시다는 것을 기억하고 아버지의 집으로 돌아가는 것입니다. 그분이 언제나 나를 용납하여 주시며, 아버지의 집에는 모든 좋은 것이 있음을 기억하고 집으로 돌아가는 것입니다.

탕자의 죄, 큰아들의 죄

회개는 그리스도인의 가장 중요한 능력이자 위대한 능력입니다. 그런데 많은 사람들이 회개를 단지 사전적인 정의대로만 이해합니다. 사전에서 회개는 '잘못을 뉘우치고 고치는 것'이라고 정의합니다. 그래서 사람들에게 회개와 가장 가까운 단어가 무엇인지 물으면 '죄'라고 대답합니다. 주로 죄의 현상들과 연관 지어, '자기 스스로 성찰하고 반성하여 고치는 것'으로 생각하지요. 그런데 회개와 가장 가까운 단어는 '천국'입니다. 놀랍지 않나요? 그래서 예수님께서 이 땅에 오셔서 "회개하라 천국이 가까이 왔느니라"(마 4:17) 하고 말씀하셨던 것입니다. 천국은 우리 하나님 아버지가 계신 곳입니다. 그곳에는 생명이 있고 부요함이 있고 희락이 있습니다. 따라서 회개는 탕자가 그러했듯이(눅 5:11~32) 일어나 아버지께로, 아버지가 계신 천국으로 몸과 마음을 돌이켜 돌아가는 것입니다.

회개에 대한 관점을 분명하게 알면 성령의 임재가 있는 곳에서 말씀을 듣고, 함께 찬양하고 기도하는 것이 왜 중요한지 이해할 수 있습니다. 우리는 돌아온 탕자 이야기에서 둘째 아들만 회개해야 한다고 생각합니다. 그를 '세상으로 가서 방탕하게 살았던 나쁜 아들'이라고 낙인을 찍으면서 말입니다. 그런데 성경은 회개에 관하여 두 가지를 말하고 있습니다. 먼저는 둘째 아들의 회개가 있습니다. 둘째 아들은 아버지의 집이 그렇게 좋은 줄 모르고 바깥에서 방탕하게 세월을 낭비합니다. 돼지한테 주는 먹이나 먹고 사는 비참한 인생을 살면서 힘들어지니 비로소 자신의 원래 신분을 떠올립니다. 자신에게 아버지가 계시고 나는 아버지의 아들이라는 사실을 말이지요. 둘째 아들이 겪었던 비참함처럼, 죄의 현상들이 우리에게 나타나고 있다면 벌써 죄의 열매들과 속성들이 삶 가운데 들어와 있는 상태입니다. 죄의 중력은 우리의 원래 신분으로 쉽게 돌이키지 못하도록 계속 끌어당깁니다. 둘째 아들은 돼지우리에서 어슬렁거리는 비참함과 가난, 공허의 상태에서 한참을 더 시달리고 나서야 비로소 아버지의 집으로 돌아가기로 마음 먹습니다. '나는 고아가 아니었지. 아버지께서는 항상 가장 풍요한 것을 가지고 나를 기다리고 계시지. 염치없지만 아버지 집의 일꾼이 되더라도 아버지께 돌아가야겠다.' 하고 아버지의 집으로 돌아갑니다. 이 돌이킴이 둘째 아들의 회개입니다.

두 번째로 큰아들의 회개가 있습니다. 큰아들의 죄는 아버지의 집에 있으면서도 아버지와 하나도 닮지 않은 죄입니다. 그는 아버지의 집에 있으면서도 정작 그 풍요함을 누리지 못하고 사랑할 줄도 모릅니다. 큰아들은 자기가 아버지의 집을 지키고 있고 율법도 잘 지키고 있다고 여기기 때문에 자기 의에 갇혀 있습니다. 스스로 의롭다고 생각하니 아버지의 사랑이 필요하지도 않고, 아버지께 받는 은혜를 당연하게 여깁니다. 그래서 잔인할 정도로 냉정하고 항상 남을 판단합니다. 이처럼 은혜를 받아 교회를 다니고 예배도 잘 드리고, 심지어 헌신 생활까지 하면서도 하나님 아버지가 주시는 풍요와 부요를 누리지도 못하는 사람들이 있습니다. 아버지 집에 있으면서도 항상 결핍 의식에 시달리고 내 힘으로 애써 살면서 은혜에 감사하지 못합니다. 스스로 의인이 되어 남들을 판단하고 자기도 얽매여서 하나님 아버지의 풍요와 부요를 누리지 못합니다.

사랑의 아버지께로

앞 장에서 로마서 1장 28절, 3장 11절을 살펴보며 죄에는 정욕적인 죄들과 스스로 의인으로 여기는 죄가 있음을 알게 되었습니다. 하나님을 배제하는 것, 하나님 앞에 우상을 두는 것, 하나님의 영광이 싫은 것, 자기 마음대로 살고 싶은 것, 하나님을 사랑하지 않는 것, 하나님의 사랑을 믿지 않는 것, 하나님을 무시하는 것이 모두 죄입니다. 즉 죄의 근본은 내 마음에 '하나님 아버지를 두기 싫어하는 것'입니다. 그렇다면 회개는 하나님과의 관계를 회복하는 것에 그 근본이 있습니다. 하나님 아버지와의 관계 회복을 위해 그분께로 가서 용납받고 용서받아야 합니다. 하나님 아버지를 마음에 두기 싫어하고 그분의 집을 떠나 내 마음대로 살고 싶어하는 죄를 인식하십시오. 그 상태가 얼마나 비참하고 공허한지 뼈저리게 느껴야 합니다. 그곳에서 다시 하나님께로 돌이키십시오. 하나님 아버지는 언제나 가장 부요한 것으로 무한히 공급하시는 사랑의 구주임을 믿고, 아버지의 집으로 돌아가십시오.

'돌아온 탕자' 그림에서 아버지의 눈은 감겨 있습니다. 회개는 용서를 기반으로 합니다. 시편 32편 1절에 보면 "허물의 사함을 받고 자신의 죄가 가려진 자는 복이 있다"고 합니다. 가장 복된 자는 용서받은 사람입니다. 하나님께서 가려주고 덮어주신 사람이 복된 사람입니다. 우리는 회개를 옷을 빨아 얼룩져 있던 상태를 세탁하는 것처럼 생각합니다. 그러나 회개는 죄의 표백이 아니라 용서받는 것입니다. 하나님께서 용서를 구하는 자의 죄를 기억하지 않고 눈을 감고 덮어준다는 것입니다. 그렇다고 하나님께서 우리의 죄를 모르시는 것이 아닙니다. 하나님은 명명백백한 눈으로 우리의 잘못을 낱낱이 알고 계십니다. 우리는 그분의 원수였습니다. 하나님을 내 마음대로 살 수 없게 하는 원수라고 여기며 미워했습니다. 그분의 인도를 간섭하는 것이라 여기며 가출했습니다. 둘째 아들처럼 아버지의 유산만 챙겨서 내 마음대로 할 수 있는 곳으로 멀리 떠나고자 했습니다. 또 첫째 아들처럼 남을 판단하면서 겉으로만 종교 생활을 하며, 그 대가로 아버지의 유산만 받고 싶어 했습니다. 그런 우리일지라도, 아버지께서는 돌이키는 자녀들을 위해 발 벗고 뛰어나와 안아주십니다. 잠 못 이루며 우리가 언제 돌아올지 기다리고 계십니다. 언제나 지극하신 사랑으로 우리를 용서하실 준비를 하고 계십니다.

아버지의 사랑을 믿으며 우리의 모습을 돌아봅시다. 정욕적인 둘째 아들 모습이 우리에게 있는지, 혹은 표면적이고 종교적인 큰아들의 모습이 있는지 돌아봅시다. 신앙생활을 하면서도 하나님의 능력과 성품이 나타나지 않고, 우리에게 주신 아름다운 계획들을 풍요하게 누리지 못하고 있다면 무언가 잘못된 것입니다. 둘째 아들처럼 세상의 부요에 속고 있는 것은 아닌지, 첫째 아들처럼 가난하고 엄격한 율법의 종으로 살고 있는지 돌아보아야 합니다. 아버지의 사랑을 이해하기 위해서는 두 가지 인식이 필요합니다. 하나는 죄에 대한 세밀하고 깊은 인식입니다. 또한 더욱 근본적인 인식은, 아버지께서 우리를 사랑하심으로 말미암아 주시는 선물과 부요함에 대한 것입니다. 두 가지 모두가 있어야 참된 신앙생활을 할 수 있습니다. 우리가 지은 죄를 서로에게 낱낱이 열거한다고 해서 회개하는 것이 아닙니다. 죄의 고백은 아버지의 용서와 사랑을 믿으면서 '하나님께' 먼저 해야 합니다. 회개란 아버지와의 관계 문제이기 때문입니다. 하나님이 우리의 아버지이시며 가장 좋은 것을 주고 싶어 하신다는 것을 먼저 믿어야 합니다. 하나님은 유익하고 선하고 좋은 것이 무엇인지 가장 잘 알고 계십니다. 그분의 집에는 모든 선하고 아름다운 것들이 풍성합니다.

그 선물을 누리며 부요한 생명의 사람이 되기로 작정하는 것, 믿음으로 아버지의 집으로 다시 돌아가는 것, 이것이 회개입니다.

우리는 기도합니다

주님, 회개의 가장 중요한 열매는 용서받은 자들이 누리는 천국의 기쁨과 감사입니다. 그렇기에 우리의 어떠함을 넘어, '돌이켜' 당신 앞으로 갑니다. 당신은 우리를 용서해 주실 뿐만 아니라 죄를 이기는 능력도 함께 주시는 분이십니다. 우리가 '아버지 안에서' 생명의 기쁨을 누리는 당신의 자녀가 되기를 원합니다. 우리를 불쌍히 여기소서.

회개는
사랑의 집으로 귀향하는 것이다

★ 어웨이크닝 포인트

회개는
스스로 죄를 성찰하고
잘못을 뉘우치고
다시는 안 하겠다고
결심하는 것이 아니다.

회개는
하나님과 사람들 앞에서
죄를 고백한 후 느끼는
심리적 카타르시스로 위로를 받거나
나의 복잡한 내면을 깨끗이 정화하
기 위한 것도 아니다.

회개는 '아버지와의 관계 문제'이다.
아버지가 계시다는 기억과
아버지와 아버지의 집에는
무한으로 공급되는
풍요와 사랑이 있다는 기억을 가지고

아버지의 용서와 사랑을 믿으며
전적으로 몸과 마음을 돌려
아버지의 집으로 돌아가는 것이다.

★ 이런 것이 진짜 잘못

① 둘째 아들의 잘못: 아버지를 내 삶을 간섭하고 내 마음대로 살 수 없게 하는 존재라고 간주하는 것, 아버지의 유산만 챙겨서 가출하고 도망간 것, 아버지의 집이 좋은 줄 모르고 세상에서 방탕하게 살다가 비참하고 공허한 신세로 전락하는 것.

② 큰아들의 잘못: 아버지의 집에 있으면서도 아버지께 받은 은혜를 당연히 여기며 표면적인 종교 생활을 하는 것, 남을 판단하고 아버지의 유산을 당연하다고 여기며 나누기 싫어하는 것, 생명의 부요를 누리지 못하고 결핍된 마음으로 타인을 냉혹할 정도로 엄격히 판단하는 것.

회개는 우리 아버지께서 지극하신 사랑으로 이러한 잘못들을 눈감아주시는 용서를 기반으로 한다. 믿고 돌아가기만 한다면…

🤔 회개를 제대로 했는지 어떻게 알 수 있을까요?

주의! 근본적이고 복음적인 회개는
하나님의 생명과 죄의 심각성에 대해서 인식하게 해줍니다.

죄에 대한 세밀하고 깊은 인식과 아버지께서 우리를 사랑으로 말미암아 주시는 선물과 부요에 대한 인식이 함께 있다면, 진정한 회개를 할 수 있습니다.

⭐ 나의 어웨이크닝 포인트

*본문의 내용 중 새기고 싶은 문장이나, 읽으면서 깨달은 것을 적어 봅니다.

너희는 유혹의 욕심을 따라 썩어져 가는 구습을 따르는 옛사람을 벗어 버리고 오직 너희의 심령이 새롭게 되어 하나님을 따라 의와 진리의 거룩함으로 지으심을 받은 새사람을 입으라 ▌에베소서 4장 22~24절

8. 회개의 선물, 의의 능력

두려움에 사로잡힐 때마다
'하늘로부터 온 신분증'을 꺼내서 사용하세요!

회개를 통해 우리는 의의 능력을 받습니다. 우리가 받은 의로움과 부요는 반드시 행함을 낳습니다. 그래서 회개하고 하나님의 생명을 받아들인 사람에게는 반드시 변화의 모습이 보입니다. 우리는 변화를 더욱 온순해진다든가 착한 행동을 하는 것으로 생각합니다. 그러나 회개를 통한 변화는 우선 존재의 변화입니다. 겉으로 보이는 열매는 존재의 변화로 인해 자연스럽게 맺게 됩니다. 그것은 '새로운 행동'을 수반하는 권세와 사랑의 능력으로 나타납니다.

그들의 변화가 너무 혁신적이었기에

초대 교회 성도들이 회개함으로 나타난 변화는 너무나 명료했습니다. 주변 사람들은 그들의 변화를 모를 수가 없었습니다. 그들의 모습은 회개하고 돌이켜서 부요하신 하나님으로부터 충만함을 받은 사람들의 모습이었습니다. 삶의 태도이며, 능력이자 성품이기도 한 영원의 생명이 '전혀 다른 모습'으로 나타났습니다. "저 사람들은 전혀 다른 삶을 살더라."라고 사방에 소문이 났습니다. 그들의 변화는 너무 혁신적이어서 마치 다른 별나라에서 온 사람 같았습니다. 그들은 거룩한 영에 붙잡혀 사는 사람들이었습니다. 율법적인 것으로 무겁게 가라앉은 경건 생활의 모습이 아니었습니다. 그들에게는 의와 평강과 기쁨이 넘쳤습니다.

도대체 어떤 것이 그들을 변화시켰을까요? 사람들은 궁금했습니다. 세상 사람들은 하나님 아버지를 몰랐기 때문에 어디서 그런 변화가 나왔는지 도저히 알 수가 없었습니다. 초대 교회 성도들이 누리는 평안은 세상이 줄 수도 없고 알 수도 없는 평안이었습니다. 그들이 누리는 용기와 사랑, 비전과 관계, 하나님이 주신 풍요한 자원들을 함께 나누는 모습은 굉장히 놀라웠습니다. 오직 새로운 생명을 받은 사람들만이 할 수 있는 일이었고, 그것이 바로 진정한 교회의 모습이었습니다. 그래서 사람들은 '저곳에 천국이 있구나. 세상의 방식과는 다른 무언가가 있구나.'라고 느꼈습니다.

평안을 너에게 주노라

세상이 줄 수 없는, 세상이 알 수도 없는

평안, 평안, 평안을 너에게 주노라

사랑을 너에게 주노라

세상이 줄 수 없는, 세상이 알 수도 없는

사랑, 사랑, 사랑을 너에게 주노라

– 복음성가 '평안을 너에게 주노라'

그렇기에 회개는 우리가 하나님 앞에 죄인이라는 인식에 그치지 않습니다. 하나님 앞에서 내가 용서받았다는 위안에 머무르지도 않습니다. 회개는 우리에게 보다 근본이고 핵심적인 변화를 이끌어 냅니다. 회개를 통해 우리는 그분이 주시는 의와 생명으로 살게 되었습니다! 많은 영성가들이 죄에 대한 인식이 깊었습니다. 이 말은 죄를 많이 지었다는 말이 아닙니다. 죄를 인식할 수 있는 은혜, 그리고 죄와 비교할 수 없는 생명의 존재감이 그들에게 충만했다는 것입니다. 사도 바울은 하나님을 만나기 전에는 자신이 스스로 의롭다고 생각하여 오히려 많은 사람을 죽였던 살인자였습니다. 그러나 그가 살아 계신 하나님을 만나고 크게 회개하고 나니, 존재가 변화되었습니다. 그는 더 이상 이전과 같을 수 없었습니다.

무한한 의의 공급처로

세상은 영혼의 빛으로 변화된 이들의 모습을 보고 싶어 합니다. 사람들에게 어떤 모습으로 보여야 할 지 부담을 갖고 살아야 한다는 뜻이 아닙니다. 우리는 세상 사람들을 만족시키기 위해, 좋은 평가를 받기 위해서 신앙생활을 하는 것이 아닙니다. 신앙생활의 평가 기준을 세상 사람들의 시선에 맞추기 시작하면 신앙의 기준을 하나님을 알지도 못하는 이들이 정하게 됩니다. 하나님의 기준은 세상을 만족시키는 것 정도가 아닙니다. 우리의 고백과 삶은 항상 의와 생명을 주시는 주님을 향해 있어야 합니다. 그로 말미암아 하나님이 주시는 능력을 덧입어, 세상 사람들이 알 수도 없고 기대할 수도 없던 모습을 나타내게 됩니다. 회개의 능력이 바로 이것입니다. 복음적 회개는 죄의 심각함에 대해서 알게 해 줄 뿐만 아니라, 하나님의 생명에 대해서 분명하게 인식하게 합니다.

죄의 문제가 심각한 이유는 무엇인가요? 우리를 향한 하나님의 사랑을 의미 없게 만들어 버리기 때문입니다. 우리를 그분의 생명으로 변화시키고 가장 위대한 선물을 주기 원하시며, 우리와 가까이 있고자 하신다는 사실을 외면하게 합니다. 그것이 가장 큰 죄입니다. 이곳에서 돌이켜 회개해야 합니다. 회개는 하나님이 주신 선물과 아름다움, 생명을 받아들이는 문제입니다. 옛 가치들을 회개하고 그 신분에서 벗어나 자신을 새로운 생명, 새로운 피조물이라고 고백하는 사람은 하나님께서 보시듯 자신을 보게 됩니다. 하나님은 회개해서 돌아온 자에게 "내 딸, 내 아들아, 잘 왔다. 여기가 너의 집이다. 내가 너를 사랑한다. 내가 가진 모든 것을 누리렴." 이렇게 말씀하십니다. 하나님께서 주시는 정체성을 가지고 성령의 눈으로 자신을 바라보아야 합니다. 우리의 부족함에만 머문다면 하나님께서 우리를 바라보시는 시선을 믿지 못합니다. 회개로 인해 변화되었다는 것은 하나님이 나를 생각하듯이 자신을 생각한다는 것이고, 하나님이 그 사람을 보시는 것과 같은 눈으로 우리의 이웃들을 본다는 뜻입니다.

많은 사람들이 이 무한한 의의 공급처로부터 도망가고자 했습니다. 하늘의 보물 창고를 욕심으로 잠깐 이용하려고만 했지, 그 보물이 어디로부터 오는지 알지 못했습니다. 이 근원이신 하나님에 관하여 올바르게 전하는 자가 필요합니다. 바른 복음이 전해져야 하고, 하나님에 대한 바른 지식이 전해져야 합니다. 죄된 생활을 계속하면 나를 향한 하나님의 시선을 잊어버리고, 은혜에 무뎌집니다. 그리고 그분이 무한히 주시는 가장 아름답고 풍성한 선물을 잃어버립니다.

그래서 회개의 간증에는 항상 죄와 은혜가 함께 이야기되어야 합니다. "저는 예전에 하나님으로부터 멀리 떨어져 있던 사람입니다. 마음에는 두려움과 염려가 가득했고, 하나님이라는 단어조차 싫어했습니다. 제 마음대로 살고 성취하고 싶었습니다. 그렇지만 제가 회개해서 아버지께 돌아갔을 때 그분은 신발을 벗고 달려와 주셨습니다. 저의 예전 모습은 기억조차 하지 않으시고 완전히 사랑으로 덮어주셨습니다. 마치 아무 일도 없었던 듯이 가장 좋은 선물을 제게 주셨습니다. 그 결과 지금의

제가 되었습니다." 사람들은 간증에서 우리를 놀랍게 변화시키신 '하나님'을 바라보게 됩니다.

주님은 회개해서 돌이키기만 하면 지금 너희 안에 이미 천국이 있다고 하셨습니다. 공동체 안에서 이루어지는 믿음의 고백 가운데서 우리는 천국을 누릴 수 있습니다. 믿음의 관계 속에서 거듭난 이들의 변화와 성장을 보면서 우리는 정말 하나님이 살아 계시고 일하고 계심을 느낍니다. 이 변화는 우리 내면에서 하나님 나라가 이루어지는 것과 연결되어 있습니다. 그러니 우리는 매 순간 천국으로 돌아가야 합니다. 예수님께서 이미 십자가에서 죗값을 모두 치루시고, 우리에게 천국의 열쇠를 마련해주셨습니다. 회개의 가장 중요한 초점은 그 사랑을 인정하고 신뢰하면서 아버지의 집으로 돌아가는 것입니다. 아버지께서는 이미 문 밖에 나와 우리를 기다리고 계십니다. 아버지께 돌아가십시오. 그분의 생명의 능력으로 변화를 입어 생명의 삶을 살아가십시오. 세상의 생명이 전부라고 속이는 사단의 권세, 죄와 사망의 법에서 돌이키십시오. 하나님이 주시는 가장 좋은 것을 항상 누리면서 강력한 변화를 받고, 증거하고, 나누며 살아가십시오. 회개가 주는 강력한 능력의 삶을 모든 이가 목도하며, 하나님을 찬양할 것입니다.

우리는 기도합니다

주님, 세계는 나보다 크지만, 주님은 세계보다 크십니다. 언제나 이 차원이 다른 '부등호 관계'를 기억하게 도와주옵소서. 우리의 심령을 새롭게 하시고, 당신께서 주시는 의와 생명으로 살게 하옵소서.

회개를 통해 하나님이 주시는 선물은
'존재의 변화'이다

★ 어웨이크닝 포인트

근본적인 회개는
의의 열매와 연결된다.

회개는
죄인이라는 인식에
그치지 않는다.
하나님 앞에서
용서받았다는 위안에
머무르지도 않는다.

**회개는
보다 근본이고
핵심적인 변화를
이끌어 낸다.**

회개를 통해
우리는 그분이 주시는
의와 생명으로 살게 되어 있다.

**죄의 문제가 심각한 이유는
우리를 향한 하나님의 사랑을
의미 없게 만들어 버리기
때문이다.**

그분의 생명으로 변화시키고
가장 위대한 선물을
주기 원하시며
우리와 가까이
있고자 하신다는 사실을
외면하게 하는 것,
그것이 가장 큰 죄.

**회개는
무한한 의의 공급처이신
하나님의 선물과 아름다움,
생명을 받아들이는 문제이다.**

주의! 회개는 온순해지고, 착한 행동을 한다는 뜻이 아닙니다. 회개는 '뭔가 전혀 다른 생명력으로 사는 모습'이며 하나님께서 주시는 권세와 사랑의 능력으로 새로운 행동을 수반합니다.

예) 초대 교회 성도들의 모습. 회개하고 돌이켜서 부요하신 하나님의 생명을 받고 거룩한 영에 붙잡혀 평강과 기쁨이 넘치는 모습. 용서받는 자들이 누리는 천국의 기쁨과 감사로 남을 용서하며 하나님이 주시는 풍요한 자원들을 누리면서 이 생명의 복음을 전하며 사는 모습.

사람들에게 어떤 모습으로 보여야 할지 부담을 갖고 살아야 한다는 뜻이 아닙니다. 우리는 세상 사람들을 만족시키기 위해, 좋은 평가를 받기 위해서 신앙생활을 하는 것이 아닙니다. 신앙생활의 평가 기준을 세상 사람들의 시선에 맞추기 시작하면 신앙의 기준을 세상 사람들이 정하게 됩니다. 하나님의 기준은 세상을 만족시키는 정도가 아닙니다. 우리의 고백과 삶은 항상 의와 생명을 주시는 주님을 향해 있어야 합니다. 그로 말미암아 하나님이 주시는 능력을 덧입어, 세상 사람들이 알 수도 없고 기대할 수도 없던 모습을 나타내게 됩니다. 회개의 능력이 바로 이것입니다.

⭐ 나의 어웨이크닝 포인트

*본문의 내용 중 새기고 싶은 문장이나, 읽으면서 깨달은 것을 적어 봅니다.

_____

_____

_____

BORN AGAIN

Chapter 4 | 우리 집을 지켜라

더러운 귀신이 사람에게서 나갔을 때에 물 없는 곳으로 다니며 쉬기를 구하되 쉴 곳을 얻지 못하고 이에 이르되 내가 나온 내 집으로 돌아가리라 하고 와 보니 그 집이 비고 청소되고 수리되었거늘 이에 가서 저보다 더 악한 귀신 일곱을 데리고 들어가서 거하니 그 사람의 나중 형편이 전보다 더욱 심하게 되느니라 이 악한 세대가 또한 이렇게 되리라

▌마태복음 12장 43~45절

9. 마음의 도둑들

생명의 역사는 생각을 뜯어고치는 정도가 아닙니다.
우리 안에 어떤 영이 역사하고 있느냐의 문제입니다.

요즘 집 문제가 사람들의 마음을 심각하게 합니다. 집값이 얼마나 오르나, 정부에서 어떤 대출을 해주나, 나는 20평에 사는데 누구는 50평에 산다더라, 이와 같은 대화를 주로 나눕니다. 어떤 사람들은 소위 '깡통아파트'를 다섯 채나 가지고 있다는데, 인구의 절반은 집이 없다는 소식을 들으면 많은 생각을 하게 됩니다. 잠깐 사는 현실의 집 문제도 이렇게 중요한데, 우리가 영원히 살아갈 집의 문제는 더욱 심각하고 중요하겠지요. 요한복음 14장 2절에 예수님께서 "내 아버지 집에 거할 곳이 많도다 그렇지 않으면 너희에게 일렀으리라 내가 너희를 위하여 거처를 예비하러 가노니"라고 말씀하셨습니다. 예수님께서 천국에 가신 것도 우리들이 영원히 살 집을 장만하기 위해서입니다.

초월의 집

우리는 예수님께서 주시는 집을 세상의 집이나 건물처럼 벽으로 안전하게 둘러싸인 공간으로 생각합니다. 이러한 고정관념은 성경에서 주는 새로운 개념을 항상 세속적인 개념으로 왜곡하여 받아들이게 합니다. 그러나 하나님의 말씀은 항상 고정관념을 깨뜨리고 차원이 다른 새로운 관점을 주십니다. '집'의 정의도 마찬가지입니다. 성경은 항상 유형의 가치보다 무형의 가치가 더 중요하고, 훨씬 근원적이라고 말합니다. 우리의 시각에서는 눈앞에 보이는 유형의 집이 가장 존재감이 크지만 실은 그렇지 않습니다.

성경은 가장 근원적이고, 가장 큰 집은 하나님이 계신 영원의 나라에 있다고 말합니다. 하늘 아버지께서 계신 빛의 나라에 빛과 생명수가 흐르는 우리의 진짜 집이 있습니다. 우리는 "너희는 먼저 그의 나라와 그의 의를 구하라 그리하면 이 모든 것을 더하시리라(마 6:33)"는 말씀을 들으며 자연히 우리가 사는 집도 해결해 주실 것이라고 생각합니다. 그러면서 고작 빌딩이나 아파트 등 유형의 자원을 떠올립니다. 그러나 하나님 나라와 의를 구할 때 우리가 받는 것은 하늘의 집에서 오는 무한한 생명력과 그분의 다스림입니다. 우리가 생각하는 집과 하늘의 집을 같은 차원에 두면 하나님께서 주시고자 하는 큰 차원의 선물을 받기 어렵습니다. 차원이 다른 이야기를 같은 선상에 두고 생각하지 않도록 유의하십시오. 바다와 물고기는 같은 차원에 있지 않습니다. 바다라는 큰 차원에 물고기가 깃들어 사는 것이지요. 이처럼 하늘의 풍성한 집에 우리가 깃들어 있음을 명확히 인식하십시오.

하나님께서는 우리를 그분의 집에 거하게 하시며 필요한 모든 자원을 공급해 주십니다. 어떤 시간과 공간의 한계, 자원의 한계도 아버지께서 주시고자 하는 집을 막을 수 없습니다. 하지만 사단은 이 세상의 권세를 가지고 차원이 다른 아버지의 집을 우리가 보지 못하게 속입니다. 또 아버지께서 주시고자 하는 무한한 자원의 집을 고작 이 세상의 집과 동일한 차원으로 인식하게 합니다. 보이는 것이 전부라고 우리를 착각하게 하고, 거기에 정과 욕을 다 쏟고 그것을 잃어버릴까 두려워하도록 만듭니다. 그 사이에 우리는 생명의 근원이신 아버지의 집에서 멀어져 갑니다. 하나님의 자리가 내 삶에서 사라지게 됩니다.

그러나 우리가 정말 누구인지 먼저 기억하십시오. 우리는 그리스도 안에서 진리의 영을 받은 하나님 나라의 백성이고 자녀입니다. 실상의 세계가 마치 존재하지 않는 것처럼 속이고, 조롱하는 정신의 속임수와 사단의 전략을 주의합시다. 우리를 사랑하시고 생명으로 경영하시는 주님 안으로 들어가 깨어나십시오. 주님 안에서 승리하는 것이 무엇인지 경험하십시오. 영원한 말씀이 은혜로 우리를 비출 때 어둠이 물러가고, 진리로 새로워지는 것을 경험합시다. 보이는 현상과 사단의 권세가 우리의 마음을 감히 점령하지 못할 것입니다. 하나님의 영이 우리의 마음을 맑고 밝게 다스려 주시고, 생명으로 가득 채워주실 것입니다. 하늘의 보좌로부터 은혜가 흘러서, 나 자신뿐 아니라 사망의 권세 아래 놓인 건조하고 무력한 영토를 생명으로 가득 적실 것입니다.

어둠의 영들도 집이 필요해

하나님께서 우리에게 선물로 주신 아름답고 좋은 집을 빼앗기 위해 귀신들은 항상 틈을 노리고 있습니다. 마태복음 12장 43~45절 말씀을 보니, 귀신도 집이 필요하다는 것을 알 수 있습니다. 귀신이 거할 집을 찾다가 어떤 사람의 마음의 집에 자리를 잡았습니다. 그러나 제대로 자리를 잡지는 못했습니다. 이후에 쫓겨 나가는 것을 보니 아마도 등기 이전까지 하지는 않았나 봅니다. 성령님께서도 '우리 안에' 거한다고 하셨으니, 영적 전쟁은 집의 쟁탈전이라고 할 수 있습니다. 그런데 하나님은 우리 집을 차지해야 살 수 있는 분이 아니라 집을 지어서 주시는 분이십니다. 하나님은 언제나 세상의 것과 비교할 수도 없는 하늘의 부요한 것을 주시기 원하십니다. "우리 주 예수 그리스도의 은혜를 너희가 알거니와 부요하신 이로서 너희를 위하여 가난하게 되심은 그의 가난함으로 말미암아 너희를 부요하게 하려 하심이라"(고후 8:9). 하나님은 언제나 사랑하시고, 주고 싶어 하시고, 무한히 공급하시는 부요한 아버지이십니다. 하나님은 우리 것을 빼앗기 위해서가 아니라 주시기 위해 우리 안에 오시고자 합니다. 그런데 사단은 그렇지 않습니다. 본디 자기 것이 없기 때문에 빼앗기 위해 우리의 마음을 차지하려고 합니다. 항상 남의 것을 빼앗아서 자기 소유로 만드는 것이 사단의 속성입니다. 하나님과 사단의 차이를 반드시 기억하십시오.

성령님도 우리의 마음에 거하고자 하시고 귀신들도 우리의 마음을 노리고 있습니다. 영들은 어떻게 우리 마음의 소유권을 차지하게 될까요? 그 핵심은 영혼에 있습니다. 정신이나 몸을 차지하는 것은 전세나 월세를 주고 잠깐 빌리는 것에 해당합니다. 그러나 마음의 집을 장만하고 소유하는 문제는 영과 관련되어 있습니다. 하나님 아버지께서 우리의 소유로 주시는 집은 본디 그분의 집입니다. 이 집은 우리가 아버지를 믿음으로써 무상으로 주어졌습니다. 우리의 마음은 소(小)우주와도 같아서 의식으로는 미처 다 알 수 없을 정도로 크고 광대합니다. 그런 우리 마음이 거할 수 있도록 하나님께서 마련해주시는 집은 상상할 수 없이 크고 아름답겠지요. 사단은 그 집을 어떻게든 빼앗고 싶어합니다. 욥기에서 욥이 겪는 영적 전쟁도 사실 욥의 집을 빼앗으려는 사단과의 전쟁이었습니다. 사단이 욥과 그의 가족과 공동체를 보니, 그들의 집이 참 좋고 크고 아름다웠습니다. 그래서 도둑인 사단은 그것을 어떻게든 뺏어오려고 재앙을 내리고 욥의 소유를 모두 앗아갔습니다. 여기서 주목할 부분은 사단이 그 집들을 도둑질하려고 온갖 수단을 동원하고 있다는 점입니다.

악한 영들이 우리 정신과 몸을 차지하기 위해서 무엇을 동원하는지를 보면 영적 전쟁이 어떻게 일어나는지 알 수 있습니다. 우리 마음에 무엇이 거하고 있는지 알고 분별할 수 있다면 많은 영적 전쟁을 수월하게 할 수 있습니다. 욥기에 등장하는 대표적인 인물은 욥과 아내와 그의 친구들입니다. 욥에게 위기가 닥쳐오니 아내의 실상이 드러납니다. 소유가 없어지고, 건강이 사라지고, 자식들도 죽으니 아내는 욥에게 차라리 하나님을 욕하고 죽으라고 말합니다(욥 2:9). 너무 큰 고통이 몰려올 때 "하나님, 너무 괴롭습니다. 차라리 저를 죽여주시옵소서."라고 고백하는 것은 괜찮습니다. 그것은 하소연이지요. 그런데 하나님을 저주하고 스스로 죽으라는 말에는 완악함이 있습니다. 아마도 욥의 아내는 욥의 돈이나 지위 등 자신이 누릴 수 있는 것 때문에 얹혀살았나 봅니다. 그러니 실질적인 위기가 닥쳐오자 마음의 실상이 드러난 것입니다. 어려울 때 끝까지 함께 하며 "잘할 수 있어. 다른 모든 것이 없어질지라도 내가 끝까지 당신 곁에 있을 거야."라고 격려의 말을 해주는 아내들도 있습니다. 또 위기가 왔을 때 마르틴 루터(Martin Luther)의 아내처럼 "하나님이 돌아가시기라도 했나요?"라고 말하며 정신을 차리게 해주는 아내들도 있습니다. 그런데 욥의 아내는 저주를 퍼붓고는 자기 실상을 드러냈습니다. 또 욥의 친구들이 조언이랍시고 욥에게 하는 말들을 살펴보면 그들의 집은 생명 없이 종교적이고 율법적인 것으로 차 있음을 알 수 있습니다. 우리에게서 나오는 말들이 우리가 거하는 집의 실상을 보여줍니다.

우리의 마음은 눈에 보이는 정도가 아니라 거대한 소우주와 같은 영혼의 집입니다. 마태복음 12장 43절은 이 집을 차지하려는 귀신을 "더러운 귀신"이라고 표현합니다. 귀신들은 본디 더럽고 어지럽고 무질서한 것을 좋아합니다. 이 귀신이 어느 사람의 집에서 살다가 나가게 되었습니다. 귀신이 들어갈 때도 이유가 있고 나갈 때도 이유가 있습니다. 애초에 들어오는 것도 막아야 하지만, 들어왔다가 나간다면 다시 들어오지 않게 관리하는 것이 아주 중요합니다. 귀신을 내쫓기 위해서는 우리 마음에서 '강함'이 나와 결박해야 합니다. 그러나 그 강함은 나의 강함이 아닙니다. 이 세상 권세나 사단 또는 귀신은 나의 힘만으로는 절대 이겨낼 수 없습니다. 이 세상 어느 누구보다도 강한 자, 내 안에 계신 예수 그리스도께서 역사하시도록 해야 합니다. 예수 그리스도의 이름으로 믿음을 끌어올려서 결단하십시오. 그럴 때 내 안에 가장 강한 자, 예수 그리스도께서 강하게 능력과 사랑으로 역사하십니다. 이것이 축사의 원리입니다.

당신의 집주인은 누구신가요?

내 마음의 집에 누가 소유주로, 혹은 손님으로 살고 있느냐가 나의 정체성입니다. 집착과 두려움이 있나요? 불신과 자기 의로 가득한가요? 미움의 영이 살고 있나요? 그러면 이유 없이 누군가가 미워지고, 두려워집니다. 누구나 조금씩은 그런 마음을 가지고 살기 때문에 대수롭지 않다고 여길지도 모릅니다. 그러나 이런 마음이 들 때는 그런 영들이 깃들어 살도록 내가 허용했음을 알아차려야 합니다. 그런 영들이 몸에 붙으면 질병을 일으킬 수 있고, 정신을 장악해 버리면 정신 질환이나 정신 분열이 일어나기도 합니다. 자기 의에만 집중하고 자기 합리화를 하면, 스스로 속아서 하나님 없이도 살 수 있다고 여기게 됩니다. 그러다 점점 더 깊은 곳으로 들어가서 악한 영이 내 영과 합일되어 버리면 다시는 회개해서 돌이킬 수 없는 상태, 하나님을 대적하는 사단의 소유가 되어버립니다.

집으로 들어가기 위해서는 문을 열어야 합니다. 대문을 열고 들어가면 마당도 있고 현관을 거쳐 거실로 들어서게 됩니다. 그리고 가장 내밀한 곳에는 안방이 있습니다. 이렇듯 영들도 처음에는 몸을, 그 다음에는 정신을, 마지막으로 영을 장악하려고 들어오기 때문에 초입부터 잘 관리해야 합니다. 거듭나서 예수 그리스도의 영과 하나가 된 이들도 정신과 몸에 악한 영들이 깃들 수 있습니다. 그럴 때 강한 성령의 빛으로 다시 돌이키고 무장해야 합니다. 안일하게 생각하면 점점 집의 깊은 곳까지 내어주게 됩니다. '이것은 분명히 성령이 주시는 마음이 아니다.'라는 생각이 들 때 즉시 알아차려야 합니다. 언제나 내 마음에 그분의 생명이 감동 주시는 대로 행하면 평강이 있고, 생명의 열매를 맺습니다. 그러나 억지를 쓰면서 강박적으로 움직이거나, 그 상황을 피하고자 부산하게 많은 활동과 계획으로 메꾸려 하면 반드시 문제가 생기기 시작합니다.

 내 안에 무엇이 있고, 무엇이 움직이고 있는지가 중요합니다. 우리 집에 도둑들이 득실거릴 때는 열심히 애를 써서 무언가를 채워놓아도 도둑들이 내 안에 있는 것을 다 가져가 버립니다. 두려움의 영이 와서 믿음을 없애 버리고, 미움이 와서 사랑을 없애버립니다. 좋고 싫은 것이 왜 이렇게 많은지 모릅니다. "내가 싫으면 싫은 거야."라고 딱 잘라 말하는 것이 멋있는 줄 알지만, 그렇지 않습니다. 속고 있는 것입니다. 또 수군거리는 영들도 있습니다. 몇몇 사람만 모여도 계속 남의 흉을 보면서 어둠의 기운들을 퍼뜨립니다. 이 외에도 교만한 영, 시기하는 영, 비난하는 영, 불안하게 하는 영, 음란의 영, 속이는 영도 있습니다. 불신, 의심, 조울, 분열, 살인, 경쟁, 이기심, 외로움, 자아도취… 그 모든 영들이 우리 속에 있는 집을 차지하고 우리의 정체성을 만듭니다. 이런 어둠의 기운들이 온다는 낌새가 느껴질 때, 내 삶을 계속 누수하게 만들고 빼앗아버린 도둑이 왔음을 즉시 알아차리고 내쫓으십시오. 문 앞에서 보내버리지 않고 안방까지 차지하도록 내버려 두면 내보내는 것이 점점 힘들어집니다. 문 앞까지 오면 벌써 집을 차지하려고 여럿이 함께 들어오려 듭니다. 그러면 삶에 지옥문을 자꾸 열어놓는 꼴이 됩니다. '사는 것이 사는 것 같지가 않구나. 힘들다. 죽고 싶다.' 하며 하염없이 가라앉을 때 '내가 어둠의 영들에게 문을 열어 놓았구나. 문을 열어 놓았을 뿐만 아니라 벌써 방을 차지하게 했구나!' 이렇게 알아차려야 합니다.

방어력을 기르라

그렇다면 마음에 들어온 귀신을 어떻게 내보낼 수 있을까요? 우선 우리의 양심으로 내보낼 수 있습니다. 누군가를 향해 미운 마음이 계속 든다고 하더라도, 양심이 있다면 그것이 좋지 않은 마음임을 알아차릴 수 있습니다. 보통 그때 '나는 잘하고 있어. 더 강하게 미워하자!'라고 생각하지는 않습니다. 이렇듯 정신 수행이나 양심으로도 어둠의 영들을 나가게 할 수는 있지만, 힘이 강력하지는 않습니다. 이런 경우에는 귀신이 얼마든지 다시 들어올 수 있습니다. 한 번 마음에 길이 나서 어떤 식으로든지 귀신이 우리 마음에 쉽게 들어올 수 있게 만들어 놓았다면, 그 영들이 그 길로 자꾸 틈을 탑니다. 또 들어오려고 호시탐탐 기회를 노립니다. 집도 한번 가봤던 집이 편안하기 때문입니다. 그렇기 때문에 처음부터 귀신을 들이지 않는 것이 가장 중요하고, 한번 길을 내었을 때는 성령이 좌정하시도록 다부지게 생각과 감정과 의지를 다질 필요가 있습니다. 단순하고 강력한 신앙생활을 깊이 뿌리내려야 합니다. 정신 수행, 무흠한 율법적 생활, 경건 생활로는 마음을 다스리는 데 한계가 있습니다. 중요한 것은 하나님이 주인으로서 정확하게 우리 마음을 소유하고 계시는 것을 믿고, 그 믿음을 실전에서 사용하는 것입니다.

 귀신은 이 사람의 마음에 다시 들어오기 전까지 '물 없는 곳'으로 다니며 고군분투를 했습니다. 물이 없는 곳은 생명수가 없고 빛이 없는 곳입니다. 귀신은 항상 생명수가 없고 빛이 없는 곳을 찾아다닙니다. 그런데 이 귀신이 배회하던 중 옛날에 자기가 나왔던 집이 좋아졌다는 소식을 들었습니다. 말씀에 보니 그 사람의 마음이 '소제(掃除)'되어서 좋았다고 합니다. 겉보기에는 이상한 말씀입니다. 보통 우리는 마음이 깨끗하고 양심적으로 살면 귀신이 싫어할 것이라고 생각합니다. 하지만 이것은 착각입니다. 추잡한 것을 좋아하는 귀신은 하급 귀신들이고, 깨끗한 것을 좋아하는 고급 귀신도 있습니다. 그 귀신이 깨끗하게 청소된 집을 보니 좋아 보였습니다. 그래서 정신적인 수행을 쌓거나 강박적으로 양심적인 삶을 살아가는 사람들이 귀신의 먹잇감이 될 수도 있습니다. 중요한 것은 그 집의 소유권이 누구에게 있는가에 있습니다. 영에 어떤 주인이 살고 있느냐가 중요합니다.

 이제 그 주인 없이 깨끗한 집에 일곱 귀신이 같이 들어왔습니다. 그래서 나중 형편이 그 처음보다 훨씬 더 심각하게 나빠졌습니다. 귀신들이 공동

등기를 한 것입니다. 우리의 집은 누가 거하기 편한 곳입니까? 우리가 살아온 인생은 누구를 위해 길을 내었고 누구에게 문을 열어 주었습니까? 우리의 마음에 하나님이 들어오시는 시온의 대로가 나야 되는데, 미움의 대로, 판단의 대로, 두려움의 대로, 걱정의 대로, 이기심의 대로가 나면 귀신들이 그 대로를 통해 아주 쉽게 다닙니다. 처음에는 문을 조심스럽게 두드리면서, 주위를 살피며 간신히 다녔는데, 이제는 고급 승용차를 몰고 속도 빠르고 편안하게 다닙니다. 이런 말씀을 들으면 어떤 사람들은 순간순간 지금 나의 집의 소유주가 누구인지 되묻곤 합니다. '내 마음의 소유주가 성령님이 아닌가보다. 귀신이 소유주인가? 내가 소유주인가?'라고 묻습니다. 그러나 이미 우리 집의 소유주는 예수님이십니다. 이미 끝난 일을 계속 의심하며 헷갈리면 안 됩니다. 우리 집의 소유주가 예수님이시라고 지키는 믿음이 필요합니다.

 소유를 지키려면 힘이 필요합니다. 우리는 내 안의 소유주가 시키는 대로 합니다. 성령이 우리의 주인이실 때 우리의 영혼과 정신과 몸은 세상을 다스리는 통로가 됩니다. 사단이 그것을 원하지 않기 때문에 우리의 몸을 괴롭히고 정신을 괴롭히고 압박하고 속이는 것입니다. 그럴 때 다시 한번 기도하고, 서로를 위해 중보하면서 "너는 더 이상 나를 좌지우지하지 못한다. 예수 그리스도께서 내 안에 계시고 나의 주인이시다!"라고 답

대하게 고백할 수 있어야 합니다. 우리 삶의 모든 영역에서 성령이 주인이 되셔서, 그분이 이끄시는 대로 마음의 지-정-의가 재구성되어야 합니다.

그래서 더러운 귀신을 완전히 쫓아내는 유일한 방법은 예수 그리스도의 이름을 부르는 것입니다. 내 안에 가장 강한 자, 이 세상 누구보다도 강한 자의 이름을 빌어 그분이 일하시도록 내어 드리십시오. 우리의 것으로 싸울 때는 많은 것을 동원해야 합니다. 걱정도 동원하고, 계획도 동원하고, 힘과 자원도 동원해야 합니다. 그런데 성령께서 우리에게 오시면 마음은 가벼워지고 시원한데 힘이 생깁니다. 이미 이긴 전쟁을 하고 있기 때문입니다. 이것이 중요한 초점입니다. 귀신들은 우리의 마음을 중력처럼 아래로 끌어당겨서 무겁게 하지만, 예수님이 우리 안에 오시면 우리의 마음은 말씀의 집에 속하게 됩니다. 예수님의 집은 말씀이 주인이셨습니다. 그분의 집은 빛의 집, 생명수가 가득한 집입니다. 하나님 아버지께서 그 안에 계시고, 아버지께서 일하는 것을 보면서 그대로 행하시는 집이었습니다. 이제는 예수님이 받으신 집이 우리의 집이 되었습니다. 우리 영혼의 주인이신 아버지를 마음에 모시고, 빛과 생명수가 충만한 삶을 살아가기를 소망합니다.

모든 빛은 하나님의 뜨거운 심장으로부터 시작되었습니다. 사랑의 빛, 진리의 빛이 오면 어둠은 사라집니다. 어둠을 밝히시는 주님, 우리의 마음을 다른 무엇이 아니라 근원의 생명수가 흐르는 아버지의 집에 두기를 원합니다. 우리가 빛의 근원으로부터 멀어지지 않게 도우시고, 어떤 경우에도 하나님께서는 당신이 선택한 당신의 백성을 포기하지 않으신다는 것을 기억할 수 있게 하옵소서.

영적 전쟁은
마음의 집의 쟁탈전

★ 어웨이크닝 포인트

정신 수행,
율법적 생활,
경건 생활로는 …

정신적인 수행을 쌓거나 강박적으로 양심적인 삶을 살아가는 사람들이 도리어 귀신의 먹잇감이 될 수도 있다.

깨끗한 것을 좋아하는 고급 귀신도 있다.

그 집의 소유권이 누구에게 있느냐, 어떤 주인이 살고 있느냐가 중요하다.

생명의 역사는
우리 안에 어떤 영이
역사하고 있느냐의 문제이다.

우리 마음에 무엇이 거하고 있는지 알고 분별할 수 있다면 많은 영적 전쟁을 수월하게 할 수 있다.

귀신을 내쫓기 위해서 우리 마음에서 '강함'이 나와 결박해야 한다.

이 세상 어느 누구보다도 강한 자, 내 안에 계신 예수 그리스도께서 역사하시도록 해야 한다.

★ 도둑이 많으면 삶의 누수가 많다

마음의 집에 도둑들이 득실거릴 때는 열심히 애를 써서 무언가를 채워놓아도 도둑들이 내 안에 있는 것을 다 가져가 버립니다.
이런 어둠의 기운들이 온다는 낌새가 느껴질 때,
내 삶을 계속 누수하게 만들고 빼앗아버린 도둑이 왔음을 즉시 알아차리고
예수 그리스도의 이름으로 내쫓으십시오!

★ 당신의 삶에는 어떤 대로가 나 있습니까?

> 미움의 대로, 판단의 대로, 두려움의 대로, 걱정의 대로, 이기심의 대로가
> 나면 어둠의 영들이 그 대로를 통해 쉽게 다닙니다.
> 우리의 마음에 성령님이 다니시는 시온의 대로가 나야 합니다.
>
> 성령이 우리의 주인이실 때 우리의 영혼과 정신과 몸은 세상을 다스리는
> 통로가 됩니다. 우리 삶의 모든 영역에 성령이 주인이 되셔서, 그분이 이끄시
> 는대로 마음의 지·정·의가 재구성되어야 합니다.
>
> 성령께서 우리에게 오시면 마음도 가벼워지고 시원한데 힘이 생깁니다.
> 이미 이긴 전쟁을 하고 있기 때문입니다.
>
> 이제는 예수님이 받으신 집이 우리의 집이 되었습니다. 우리 영혼의
> 주인이신 아버지를 마음에 모시고, 빛과 생명수가 충만한 삶을 살아가기를
> 소망합니다.

★ 나의 어웨이크닝 포인트

*본문의 내용 중 새기고 싶은 문장이나, 읽으면서 깨달은 것을 적어 봅니다.

도둑이 오는 것은 도둑질하고 죽이고 멸망시키려는 것뿐이요 내가 온 것은 양으로 생명을 얻게 하고 더 풍성히 얻게 하려는 것이라

▌요한복음 10장 10절

10. 믿음을 사용하라, 강한 힘과 자유로

믿음을 가지고만 있지 마세요.

믿음을 꺼내어 사용하세요!

복음서에서 귀신을 쫓는 것은 예수님의 중요한 사역이었습니다. 어둠의 영들이 쫓겨나고 성령님으로 우리 마음의 소유권 등기가 끝나고 나면 평강과 자유가 옵니다.

힘이 없으니 자유가 없지

귀신이 쫓겨 나가지 않는 이유는 우리 마음에 자유가 없기 때문입니다. 믿음은 자유를 주고, 자유는 힘 있는 사람에게 주어집니다. 우리는 자유롭고 싶고 원하는 대로 살고 싶지만, 힘이 없기 때문에 자유롭지 못한 경우가 많습니다. 그러므로 가장 힘 있는 분이신 성령의 생명의 힘이 풀어져 나와야 합니다. 주님은 어제나 오늘이나 동일하시기에, 지금 우리에게 오셔서 이천여 년 전에 예수님께서 일하셨던 그대로 일하십니다. 이것이 비밀입니다. 귀신이 나가지 않으면 어떡하나 초조해하는 것은 기도가 아니며, 걱정입니다. 내 안에 있는 예수 생명과 빛이 풀어져 나와야 자유해집니다.

세상에서 가장 강한 자이신 예수께서 우리 안에 계시다는 것을 믿을 때 그 일이 이루어집니다. "제가 할 수 있을까요? 제 모습을 보면 예수님이 계시지 않은 것 같지 않습니다."라고 하면서 자신에게 집중하지 마십시오. 우리 안에 계신 예수님을 보아야 합니다. 그분께서 일하시며 역사를 이루어 내십니다. 예수님께서 우리 안에 있기 원하신다고 말씀하실 때, 우리에게 "주님, 저도 그것을 원합니다. 주님이 제 안에 계신 것을 믿습니다."라는 결단과 힘 있는 고백이 자꾸 나와야 합니다. 우리의 느낌에 의존하지 마십시오. '아무리 말씀을 들어도 나에게는 적용되지 않는 것 같아.'라고 하는 느낌이 우리의 많은 생활을 좌우하고 있습니다. 그 느낌과 판단이 합해질 때 강한 방어벽이 생기면서 성령님이 우리 안에서 역사하시는 것을 방해합니다. 주님께서 말씀하신 언약을 붙잡고, 주님께서 내 안에 계신 것을 믿는다고 담대하게 고백하십시오. 가장 강한 자이신 예수 그리스도의 생명이 우리 안에서 대신 사시는 것을 늘 고백하십시오. 예수님이 십자가에서 완성하신 그 집이 우리 집이 되기를 소망하십시오.

이것은 한 개인의 문제이기도 하지만, 교회의 문제이기도 합니다. 교회는 권세가 있는 곳입니다. 세상은 도둑질하는 잡다한 영과 귀신들이 정욕과 죄, 자기 의를 먹이로 자유롭게 살아가는 곳입니다. 세상에서는 '내가 그래도 자존심이 있지.' 하며 자기 힘으로 사는 것을 멋지다고 생각하지만 사실 자존심은 자아의 최고 단계입니다. 그리스도인들은 자존심으로 살지 않습니다. 자존심보다 더 큰 힘이 있음을 알기 때문입니다. 보이지 않는 실상의 세계가 있음을 알아차리고 음부의 권세를 쫓아내는 것이 교회의 힘입니다. 말씀에는 그 강력한 권세가 들어 있습니다. 우리의 말은 단순한 말이 아니라 존재의 집입니다.

믿음을 '사용'하라

그러니 말씀의 언약을 붙잡고 우리의 말로 선포하십시오. "주님, 주님은 살아 계십니다. 주님은 그리스도이십니다. 살아 계신 하나님의 아들이십니다. 하나님의 아들 되신 예수 그리스도께서 제 안에 살아 계십니다. 주님은 악한 영들을 쫓아내시는 분이십니다. 이천여 년 전에도 그 일을 하셨고 지금도 이 시간과 공간 속에서 일하십니다. 주님께서 제 안에 계신 것을 믿습니다. 주님이 우리 안에, 그리고 공동체 안에 함께 계신 것을 믿습니다."

그렇게 고백할 때 주님의 생명이 이천여 년 전에 이 땅에 오셨던 것과 동일하게 일하십니다. 그때는 예수님이 하셨고, 지금은 우리가 해야 되는 것이 아닙니다. 언제나 동일하신 그분을 믿는 믿음이 우리를 자유하게 합니다. 말씀을 듣고 믿음으로 순종하면 예수님께서 그 일을 하시는 것입니다. 그러니 사람들의 영혼을 구할 수 있도록 말씀을 듣고, 함께 나누고, 심방하고 기도하는 것을 즐겁게 여기십시오. 우리가 가는 곳마다 그리스도의 집이 움직입니다. 내 마음의 집에 예수님의 생명과 빛이 가득 차 있고, 기쁨이 있고, 권세가 있고, 담대함과 용기가 있습니다. 우리는 그리스도의 집을 가지고 움직이는 것입니다. 내 안에 예수님이 계시기 때문에 어디든 그분을 모시고 갑니다. 그래서 어떤 상황에 처하든 든든합니다. 내 모습과 상황을 보거나 다른 사람을 의식하며 하나님이 계신지 잘 모르겠다고, 자꾸 자기 생각에 힘을 실어주지 마십시오. 정신적인 것에 힘을 실으면 스스로 생각하면서 인생살이의 모든 것을 정해야 하고, 삶은 힘들고 무거워집니다. 그럴 때마다 '내 안에 계신 성령께서 인도하시는 대로 나는 산다. 내 마음의 주인이신 성령께서 명하신 대로 나는 산다.'라고 돌이키십시오. 자유의 영으로, 주님께서 말씀하신 것은 반드시 이루어지고 우리에게 무한히 자원을 공급해 주신다는 단순한 믿음을 가지고 살면 됩니다.

 조금이라도 이상한 낌새가 느껴질 때 멈추십시오. 이상한 영들이 다니는 그 길을 폐쇄하십시오. 많은 사람들이 다니는 넓은 길에는 세상의 영들이 붙어 있습니다. 사람들의 환호를 좋아하지 마세요. 우리가 원하는 것은 허망한 세상의 환호가 아니라, 영원무궁한 것입니다. 하나님의 것은 풍요롭고 넘치며 한계가 없습니다. 그분의 약속 안에는 무한한 자원이 넘칩니다. 세상의 욕심은 '상대적으로' 많은 것을 추구합니다. 제한된 자원 안에서 내가 조금이라도 남보다 더 차지하려고 합니다. 그러나 세상의 자원은 한계가 있기에 그 과정에는 괴로움과 고생이 따릅니다. 그런데 주님께서 주시는 것은 무궁하며, 천군 천사가 그 자원을 든든하게 지켜주십니다. 우리 마음은 내 집이 아니라 하나님의 집이라는 것을 꼭 기억하십시오. 하나님은 무한히 부요하신 분이기 때문에 무상으로 그분의 아름다운 집을 주셨습니다. 무한하신 하나님의 속성은 그분께 드리면 드릴수록 자원이 불어난다는 것입니다. 세상의 법칙과는 다릅니다. 세상의 자원은 내 것을 주면 줄수록 없어집니다. 그런데 그분의 자원은 무한하기에 드리면 드릴수록, 베풀면 베풀수록 늘어납니다. 내가 사랑으로 드린 작은 겨자씨 같은 믿음이 30배, 60배, 100배로 돌아오는 후한 은행과 같습니다. 이 풍요한 곳에 우리의 자원을 내어 맡기십시오.

신앙생활과 삶에서 이러한 후한 경험을 자꾸 맛보아야 합니다. 경험해서 내 것으로 만들지 않고, 내면화하지 않으면 언제나 관념에 속습니다. 손과 발을 움직여 직접 해 보면 알게 됩니다. 주님의 음성을 듣고, 말씀을 듣고, 믿음으로 결단해서 살 때 열매를 맺습니다. '왜 귀신이 쫓겨나지 않을까? 왜 내 삶에 계속 어려움이 있을까?'라고 생각되는 영역들이 있다면, 첫째로는 믿음이 없기 때문입니다. 믿음은 들음에서 납니다. 우리는 주님의 말씀을 듣지 않고 흘려버릴 수도 있고, 대신에 세상의 엉뚱한 말을 많이 들을 수 있습니다. 둘째로는 듣고도 행동하지 않기 때문입니다. 말씀을 듣고, 믿고, 행동하십시오.

믿는 사람들에게 행동이란 천국의 비밀을 전하는 것입니다. 전도의 발이 묶이고, 말의 권세가 묶인 사람들이 있습니다. 전하지 못하며 전하러 가지 않습니다. 그러다 보니 되려 이단이 입을 열어 전도하고 세상의 언론이 전도합니다. 우리는 그들에게 들은 대로 복음을 계속 의심하면서 생명의 강한 능력을 가지고 살지 못하도록 힘을 실어줍니다. 듣는 것에 비밀이 있습니다. 우리가 '듣고, 믿고, 행하고, 전하는' 곳에 복음의 비밀이 있습니다. 그 일들을 하면 할수록 더욱 강력해지고 풍요해지기 때문입니다. 그래서 사단은 항상 이 네 가지 요소를 막습니다. 믿기 어렵게 하는 합리적이기만 한 말이 자꾸 마음에 들어올 때, 당장 내쫓으십시오. 기복과 주술, 율법에 묶인 말들이 문 안으로 발 한짝도 들이지 못하게 당장 쫓아내십시오. 교회의 권세도 바로 여기에 있습니다. 교회는 전통과 관습 위에 세워진 곳이 아닙니다. 살아 계신 하나님의 생명이 움직이시는 곳이요, 예수 그리스도의 이름으로 음부의 권세를 쫓아내는 곳입니다.

묶인 곳을 풀고 생명의 법으로

우리의 마음이 어떤 곳에 묶여 있는지 돌아봅시다. 미움에 묶여있습니까? 시원하게 용서해 주십시오. 미움의 배후에는 표면보다 더 거대한 것, 자기애와 욕심이 도사리고 있습니다. 계속 남의 잘못을 기억하면서 원한을 품지 마십시오. 한이 맺힌 곳을 풀어주십시오. 묶인 곳을 풀어줄 때 예수 생명이 움직이십니다. 예수님께서 우리 마음이 자유롭게 움직이지 못하게 된 곳들을 풀어주십니다. 시편 107편 20절은 "그가 그의 말씀을 보내어 그들을 고치시고 위험한 지경에서 건지시는도다"라고 말씀합니다. 말씀이 고치고, 말씀이 쫓아냅니다. 이 말씀은 태초부터 있었던 예수 그리스도의 말씀입니다. 우리는 다만 그분의 말씀을 듣고, 믿고, 행하고, 전하면 됩니다. 말씀을 들으면서 마음에 감동이 온다면, 내 입술로 그것을 옮겨 전하십시오. 그것을 위해 먼저 하나님을 아는 바른 지식을 쌓으십시오. 많은 행동보다 하나의 올바른 지식이 더 중요합니다. 믿음은 바른 지식을 갖게 하고, 그것을 가지고 기도하면서 행동할 때 하나님이 역사하십니다.

우리가 또한 알아야 할 것이 있습니다. 귀신도 준법정신이 있다는 것입니다. 귀신들이 반드시 지켜 행하는 법이 있습니다. 로마서 7, 8장에는 생명의 성령의 법과 죄와 사망의 법이 등장합니다. 귀신은 절대 빛의 길, 생명수가 흐르는 길로 다니지 못하고 늘 죄와 사망의 법을 따릅니다. 그들은 하나님의 자녀들을 방해하기 위해 몸이나 정신을 괴롭힐 수는 있지만 절대로 영을 차지할 수는 없습니다. 사단은 우리가 복음을 듣고 권세로 사는 것을 싫어하기 때문에 우리를 괴롭히지만, 우리 안에 계신 예수님의 생명을 차지하지는 못합니다. 오직 인간이 자원해서 마음과 행동과 생각을 주어야만 차지할 수 있게 됩니다. 그러니 우리 안에 계신 생명의 성령의 법을 그들이 건드릴 수 없다는 것을 믿으십시오. 예수님의 생명이 주인으로 나와 함께 계신다는 것을 강력하게 믿으십시오. 그 믿음을 통해 가장 강한 자이신 예수께서 나오셔서 귀신들을 결박하십니다. "주님, 주님은 가장 강한 자이십니다. 음부의 권세를 이기셨습니다. 제 입술의 말과 발걸음과 행동을 통해서 주님께서 말씀하시고 예수 그리스도의 이름으로 역사해주세요."라고 기도하십시오.

주님의 복음에 가장 가깝고 순결한 말씀들이 말씀의 대언자들을 통해 증거되어야 합니다. 이것을 위해서 꼭 기도하십시오. 근원의 말씀이 온 세계에 퍼져나가기를 기도하십시오. 그것이 우리 모두가 사는 길입니다. 근대는 적과 동지가 명확하게 구분되어 있던 시대였습니다. 그래서 명확하게 방어벽을 치면 적을 막아낼 수 있었습니다. 그런데 지금은 표면적으로 적과 아군을 명확하게 식별하기 어려운 시대입니다. 내 안에 적이 있고, 적 안에 내가 있기 때문입니다. 이 시대의 적은 영적 기운을 가지고 우리 안에 스며들어 심리적으로 우리를 조종합니다. 그래서 영과 내면을 쪼개는 말씀, 빛과 생명이 흐르는 말씀이 널리 퍼져야 됩니다. 정교하고 세밀한 생명의 말씀들이 교회의 말씀 강단에서 강력하게 증거되어야 합니다. 그것이 어둠의 권세를 쫓아내고 우리 모두를 살리는 길입니다. 다시 한번 교회가 바로 서야 합니다. 민족을 살리고, 시대를 살리고, 복음으로 통일되어야 합니다. 정치로 통일을 이룰 수 있는 것이 아닙니다. 겉으로는 그렇게 보일지 몰라도 내면에 흐르는 정신이 복음으로 일치해야 진정한 통일이 일어날 수 있습니다. 그 일치를 위해 우리가 함께 기도하고, 하나님을 바르게 아는 지식으로 강력하게 살아야 합니다.

이 진리의 가장 기본은 우리 마음이 예수 그리스도께서 거하시는 집이라는 것입니다. 그러니 우리 안에 계신 예수님께서 어둠의 권세를 물리치신다고 믿으세요. 믿음으로 강력하게 행동하면 반드시 하나님의 역사가 일어납니다. "주님, 당신은 살아 계신 그리스도이십니다. 당신은 하나님의 아들이십니다."라는 베드로의 고백(마 16:16~19) 위에 교회가 있습니다. 음부의 권세가 너희들을 해하지 못한다고 하신 말씀을 믿고 행동하십시오. 세상으로 나가는 곳마다 모든 사단의 권세가 쫓겨나는 역사가 있게 될 것입니다. 믿고 행동할수록 더욱 강건해지고, 믿음으로 믿음에 이르는 역사가 삶의 곳곳마다 일어나기를 축복합니다.

믿음을 '사용'해야 한다는 말을 꼭 기억하십시오. 믿음을 마음 안에 가지고만 있으면 막연해지고 교만한 관념이 되기 쉽습니다. 때로 우리는 기도하면서도 믿음을 사용하지 않고 걱정을 사용할 수 있습니다. 그러니 믿음을 '사용'한다는 것은 구체적인 상황에서 내 안에 계신 예수 그리스도의 힘과 능력을 자꾸 실천해본다는 것입니다. 믿음은 관념이 아닙니다. 자기 확신도, 강박도 아닙니다. 믿음은 요술 주문처럼 말하면 뚝딱 실현되는 도깨비방망이 같은 것도 아닙니다. 믿음은 실상을 보는 능력입니다. 눈에는 보이지 않지만 믿음으로 실상의 권세를 사용할 때 믿음의 능력이 나타납니다. 그 실상은 우리가 예수 그리스도 안에서 빛으로 이긴 전쟁을 하고 있다는 것입니다. 이미 승리가 우리에게 주어졌음을 믿음으로 눈을 들어 보십시오.

내 안에 예수 생명의 빛이 나오시도록 단순하게 믿으십시오. 그리고 신뢰와 사랑으로, 감사로 늘 믿음을 실천하며 사십시오. 믿음은 영원에 대한 사유이자, 한계 있는 우리의 땅을 하늘의 실상과 연결하는 '행위'임을 꼭 기억하십시오.

주님, 저는 주님의 자녀입니다. 주님은 살아 계십니다. 하나님의 아들이신 예수 그리스도께서 제 안에 살아 계십니다. 그분은 온전한 빛과 사랑으로 악한 영들을 쫓아내는 생명의 영이십니다. 이천여 년 전에도 그 일을 하셨고, 지금도, 이 시간과 공간 속에서 그 일을 하십니다. 주님이 행하실 일을 기뻐하고 찬양합니다. 나의 정신과 몸을 나의 영과 하나되어 계신 성령께 내어드립니다. 주님께서 지금, 여기, 제 안에 계신 것을 믿습니다. 저를 통해 온전히 일하시옵소서. 믿음을 사용하게 하옵소서.

강한 자가
우리를 자유케 하시도록

★ 어웨이크닝 포인트

성령님으로 우리 마음의 소유권
등기가 끝나고 나면 평강이 온다.

성령님은 우리에게 평강을 주신다.

그러나 우리 마음에 자유가 없으면
귀신이 쫓겨 나가지 않는다.
자유는 힘 있는 사람에게 주어진다.

우리는 자유롭고 원하는 대로 이루
며 살고 싶지만, 힘이 없기 때문에
자유롭지 못한 경우가 많다.

그분을 믿는 믿음은
우리를 자유하게 한다.

그러니 믿음을 사용해야 한다.

우리 안의 가장 강력한 자의
생명의 힘인 '예수 생명과 빛'이
풀어 헤쳐져야 한다.

⊙ 내 안에도 안 계시고, 우리 안에도 안 계신 것 같은데요?

우리의 시선을 자신과 상황과 다른사람이 아니라
우리 안에 계신 예수님으로 옮겨 주세요.
느낌과 판단이 합해질 때 강한 방어벽이 생기면서
성령님이 우리 안에서 역사하시는 것을 방해할 수 있습니다.

정신적인 것에 힘을 실어 주면 인생살이의 모든 것을 스스로
정해야 합니다 힘들고 무거워집니다.
내 마음의 주인이신 성령께서 명하신대로 나는 삽니다.
주님께서 말씀하신 것은 반드시 이루어주시며 무한하게 공급하십니다.

이 단순한 믿음을 사용하고 사십시오.

★ 우리 마음은 하나님의 집

많은 사람들이 다니는 넓은 길에 많은 영이 붙어 있습니다.

많은 것을 좋아하지 마세요.

주님께서 주시는 것은 많은 것이 아니라 무한입니다.

제한된 자원 안에서는

한계가 있기 때문에

괴로움과 많은 것을 추구하고 싶은 욕심이 생깁니다.

그러나,

주님께서 주시는 것은 무한입니다.

무한하게 부요하신 하나님께서

무상으로 우리에게 주신 집입니다.

그분의 자원은 무한하기에, 드리면 드릴수록 늘어납니다.

내가 사랑으로 드린 작은 조개껍데기가 30배, 60배, 100배로

돌아오는 후한 은행을 자주 사용하세요.

⊙ 미움, 시기, 질투, 분노, 우울로 온종일 사로잡혀 그 생각만 합니다. 믿음을 사용하기 힘듭니다.

배후에 무언가가 있습니다.

자기애도 있고 욕심도 있지요.

내게 잘못한 사람 때문에 화가 나서 잠이 안 오나요?
시원하게 용서해주십시오.
사람들의 잘못을 탕감해주세요.
풀어주세요.
그런 것들을 풀어줄 때 예수 생명이 움직이십니다.
그럴 때 우리를 움직이지 못하게 하는 많은 것들이 풀어집니다.

말씀은 태초부터 있었던 예수 그리스도의 말씀입니다.
말씀이 고칩니다.
말씀이 쫓아냅니다.

그분의 말씀을 듣고 믿고 행동하면 됩니다.
사실 우리의 많은 행동보다 하나님을 아는 지식이 중요합니다.
믿음은 바른 지식을 갖게 하고, 기도하면서 행동할 때 하나님이 역사하십니다.

★ 믿음을 사용한 삶의 경험이 많아야

체험해서 내면화가 되지 않으면,
스스로 속게 되어 있습니다.

주님의 음성을 듣고, 말씀을 듣고,
믿음으로 결단하며 살 때
열매를 맺습니다.

'듣고 믿고 전하는 것'이 비밀입니다.

믿음은 들음에서 납니다.
듣고 믿고 행동하세요.
믿는 사람에게 행동이란
천국의 비밀을 전하는 것입니다.

★ 나의 어웨이크닝 포인트

*본문의 내용 중 새기고 싶은 문장이나, 읽으면서 깨달은 것을 적어 봅니다.

_____

_____

_____

_____

_____

우리의 싸우는 무기는 육신에 속한 것이 아니요 오직 어떤 견고한 진도 무너뜨리는 하나님의 능력이라 모든
이론을 무너뜨리며 하나님 아는 것을 대적하여 높아진 것을 다 무너뜨리고 모든 생각을 사로잡아 그리스도에
게 복종하게 하니   ▋ 고린도후서 10장 4~5절

11. 영혼의 고장 난 시그널을 점검하라

세상은 내가 살아야 하니
너를 죽이겠다고 말한다.
하지만 그분은 내가 대신 죽었으니
내 생명으로 살아달라고 말씀하신다.

우리 마음의 집을 잘 지키려면 경보 시스템이 잘 가동되어야 합니다. 그 중에서도 중심 경보가 잘 가동되어야 합니다. 경보는 영원한 생명의 근원 되시고, 그 생명을 주기 원하시는 집주인을 잘 알아보기 위한 것입니다. 그리고 그 주인이 주고자 하는 귀한 선물, 영원한 생명인 조에와 그 생명 안에 들어 있는 보물들인 새사람과 새 세계를 충만히 받기 위한 것입니다.

도둑들은 바로 부요와 선물을 주시는 집주인과 우리 사이를 이간질하고 오해하게 만듭니다. 교묘한 거짓 정보들을 경비 시스템에 몰래 심어 놓습니다. 그 결과 마음의 분별 신호가 고장 나서 되려 집주인을 의심하고 도둑들을 들이는 일이 발생합니다. 도둑들이 다가오려는 낌새만 생겨도 경보 신호가 작동해야 합니다. 가장 중요한 것은 조에의 생명을 가로막는 율법과 기복의 신앙 행태를 경계하는 것입니다.

두 가지 거짓 경보: 부요의 제한과 도구화

거짓 경보에 속은 두 가지 신앙 형태들이 있습니다. 첫 번째는 생명의 부요를 제한하는 거짓 신앙입니다. 하나님 안의 부요를 함부로 의심하고 제한하며 겸손한 척 가장합니다. 그 결과 정신적인 교만과 율법에 갇혀 하나님의 의를 사람의 의로 둔갑시킵니다. 그들은 과거의 경건 패턴에 갇혀서 창조적인 생기가 없고, 하나님에 대해 관념적으로 생각하며, 자유로운 힘과 에너지를 발휘하지 못합니다. 그 안에 생명력과 사랑하는 마음이 없습니다. 또한 남의 시선을 의식하고, 예수님께서 우리를 생명으로 살게 하시기 위해 오셨다는 것을 실제로는 믿지 않습니다. 자연히 마음이 인색하고 신앙은 관념적일 수밖에 없습니다. 그러면 자기 의와 관념으로 조작된 선(善)의 세계를 새롭게 구성하려고 애를 쓰게 되고, 정신이 영보다 크거나 영의 세계는 없다고 여깁니다. 생명력에 대해 무지하기에 살아가는 욕구 자체를 죄처럼 여깁니다. 남을 판단하며 물질세계와 영적 부요의 세계를 연결하지 못하고 죄책감에 시달립니다. 그들은 자기가 정한 가치와 의를 넘어 하나님이 새로운 자원을 가지고 무한히 공급하실 수 있다는 것을 믿지 않습니다.

두 번째는 생명의 부요를 물질로 도구화하고 환원하는 거짓 신앙입니다. 그들은 하나님의 생명의 부요를 알지만, 물질적 부요를 위해 생명을 도구화하고 현상계와 욕심에 집중합니다. 하나님의 능력은 알지만, 사랑과 구령을 위한 섬김의 귀한 성품은 잘 모릅니다. 그들은 하나님의 부요를 욕심과 이기심으로 환원시킵니다. 하나님의 복을 본능적인 정과 욕의 충족 수단으로, 단지 물질적인 차원으로 환원시킵니다. 예수께서 지신 십자가도 겨우 자기들의 성공이나 물질적인 풍요만을 위한 수단으로 가치 절하합니다. 그들은 인정 욕구, 안정 욕구, 지배 욕구를 중심으로 하여 살아가며, 옛사람과 새사람을 구분하지 못합니다.

율법과 기복 모두 참된 신앙이 아닙니다. 물질적 차원을 아예 제거하고 그럴듯한 추상적인 관념에 갇히거나, 물질적 차원에만 갇히는 것 둘 다 잘못입니다. 영의 차원을 현실 세계와는 동떨어진 유령처럼 생각하는 관념적 신앙, 초월적인 기적을 도구화해서 자기 신성화에 빠지는 기복적 신앙, 이 모두가 잘못되었습니다.

고장 난 경보에 속지 마십시오. 새사람의 무한한 에너지와 자기부정의 능력은 옛사람의 기복이나 율법과는 차원이 다릅니다. 영으로 거듭난 사람은 새로운 정신을 가지고 몸의 현실을 더욱 아름답고 풍요하게 만들어가고 나누는 힘이 있습니다. 새로운 세상을 만드는 힘이 그리스도 안에 있는 교회에 있다는 것을 믿으십시오.

수백만의 사람들이 땅바닥에 앉아서 시들어가고 있습니다. 율법적이고 정신적인 가치에 눌려서 죽어가고 있습니다. 하나님의 창조가 아니라 관습에 매여서, 자유가 아니라 남들의 시선에 매여서, 강해지는 것이 아니라 그럴듯한 위선에 질식 당해서, 해방의 기쁜 소식을 전하기보다 자신과 남을 정죄하면서 하루하루 죽어갑니다. 예수님의 이름으로 죄인이라고 고백하지만, 회개와 삶의 전환으로 나아가지 못합니다. 새사람의 생명의 능력을 믿지 않습니다. 생명을 가로막는 모든 잘못된 의식과 관념, 감정, 습관, 잘못된 경건과 전통의 모든 이론과 습관을 사로잡아 주님께 굴복시키십시오. 조에의 생명력 있고 가치 있는 복된 삶으로 돌이키십시오. 잘못된 생각과 정보에 경보를 울리지 않는 고장 난 신호 장치들을 깨뜨리고 버리십시오! 정과 욕의 결핍을 위기라 여기는 고장 난 경보가 교체되어야 합니다. 교묘한 도둑들은 경보부터 울리지 않도록 미리 손을 씁니다. 내 판단이 아니라 믿음으로 영의 경보가 잘 작동되고 사용되고 있는지 살피십시오.

 하나님에 대한 새로운 믿음으로, 생명으로 창조하신 새사람에 대한 믿음으로, 귀한 가치와 복된 의미로, 함께 살아가는 상생의 능력으로, 새로운 나라에 대한 영감을 불러일으키는 복된 경보를 애용하십시오! 생명의 말씀과 깊은 기도의 차원만이 올바르게 분별하게 합니다. 우리가 알아차리는 것이 아닙니다. 성령이 탄식하시는 것을 듣는 가운데 우리 마음에 깨달음과 분별력이 생깁니다. 아래와 같이 말씀을 읽으며 우리 마음의 경보를 새롭게, 단단히 정비합시다.

그분의 신성한 능력으로 생명에 관한 그분의 모든 풍성함을

우리에게 주셨습니다(벧후 1:3).

주님은 나의 목자시니 내게 부족함이 없습니다.

나의 잔이 넘칩니다(시 23:1, 5).

하나님은 사랑이십니다(요일 4:8).

아멘! 주님, 약속하신 말씀을 믿고 온전히 받아들입니다. 율법과 기복의 고장 난 신호로 인해 우리에게 주신 생명의 놀라운 힘과 가치가 제한되었음을 고백합니다. 이제 주님의 말씀으로 제 마음을 지키겠습니다. 다른 속삭임에 귀 기울이지 않고 온전히 주님께서 말씀하신 것에만 마음을 활짝 열겠습니다.

예민함이 아니라 정확함으로

스스로 영적으로 예민하다고 생각하는 사람 중에 귀신의 존재에 민감하고 신경이 예민한 분들이 있습니다. 이들은 이렇게 예민하고 피곤한 삶이 신앙이라면 믿음 생활에 깊이 발을 담그고 싶지 않다고 말하기도 합니다. 먼저, 예민함과 강한 믿음이 반드시 같지는 않다는 것을 기억하십

시오. 믿음 생활에서 중요한 것은 예민함이 아니라, 정확함입니다. 참 하나님의 영이신 성령님의 임재를 사모하고 믿음을 사용하는 것입니다. 그리하여 거짓 영들을 다스리고 내적·외적으로 힘 있게 성장하는 것입니다. 그러나 우리는 마음의 집을 지키려 할 때 내가 예민해야 지킬 수 있다고 생각합니다. 밤낮없이 눈을 부릅뜨고 감시하거나, 조그만 변화에도 예민하게 감지하는 경보를 울려야 한다고 생각합니다. 그러나 매번 작은 일에도 경보가 시시때때로 울린다면, 결국 왜 경보가 울리는지 알 수도 없어지고 그만큼 피로가 극심해질 것입니다. 우리의 예민함이 어디에, 또 어떻게 쓰이고 있습니까? 예민할 곳에 예민하고 둔감할 곳에는 둔감하십시오! 육의 일에 전전긍긍하는 것은 종의 신분일 때 벌어지는 일입니다. 그러나 우리는 사랑받는 자녀로서, 자녀의 권세와 배포가 무엇인지 이미 아는 자들입니다.

 예민함이 집을 지킬 수 있는 핵심은 아닙니다. 하나님에 대한 바른 지식과 믿음과 순종의 경험이 더 중요합니다. 그래야 하나님에 대한 깊은 신뢰와 감사, 사랑의 헌신을 열매로 체험하게 됩니다. 많은 잘못된 신앙생활이 하나님에 대한 오해에서 시작됩니다. 누가 집주인이고 도둑인지 분별하지 못하니, 하나님께서 주신 멋진 선물들도 도둑이 심어놓은 왜곡된 시선으로 바라봅니다. 심지어 소명 자리를 생각하면서도 '이것은 주님께서 주신 내 일이고 자리이니까, 힘들어도 참아야지.'라고 생각하며 마치 극기훈련을 하듯이 버팁니다. 그러나 소명의 자리는 집주인이신 예수 그리스도의 뜻, 진리, 그리고 생명을 살리는 말씀이 들리는 자리입니다. 그 핵심을 올바로 세우지 않으면 분별하는 기준이 나의 기분과 생각으로 전락합니다. '나는 이 일에 정말 가슴이 뛰는 것이 맞을까? 자꾸만 마음이 복잡하고 헷갈린다.' 라고 하며 자기 욕구가 기준이 되기도 합니다. 그러나 경보가 울리는 기준이 '나'에게 맞춰져 있으면 자연히 잘못 작동할 수밖에 없습니다. 그런데 참된 '나'란 본래 하나님께서 예정하시고 작정하신 새사람과 연결되어 있습니다. 그러니 가장 중요한 것은 나의 생각과 감정이 아니라, 하나님과의 관계입니다. 하나님과 올바르게 연결되어 있지 않으면 항상 내가 생각하는 옳고 그름, 나의 감정이나 과거의 경험에 집중하여 판단합니다. 또 하나님께서 내게 주신 은사와 같은 선물도 내 재능과 능력의 성취라고 생각합니다. 누가 진정한 집주인인지 오해하게 만드는 것, 바로 여기에 사단의 전략이 있습니다.

그런데 우리는 오해를 풀답시고 우리의 이해를 개선하려고 합니다. 하나님에 대한 '오해'의 반대는 '나의 이해'가 아닙니다. 믿음입니다. 우리는 부족함과 결핍에 집중하여 세상과 남들에게 투사를 합니다. 세상을 원망하며 남 탓을 하거나 내가 충분히 해내지 못한 것에 대해 자책합니다. 그러나 그것으로 변화가 일어나지 않습니다. 근원적인 일은 다른 차원에서 일어납니다. 하나님에 대해 올바로 이해하고 싶으십니까? 그렇다면 하나님을 신뢰하십시오. 그 신뢰를 사용하여 구체적인 삶을 살아내십시오. 알아서 믿는 것이 아니라, 믿음으로 살아보며 점차 하나님이 누구신지 깨닫게 됩니다. 반드시 믿고 살아내야 알게 되는 지혜가 있습니다. 하나님은 정욕을 중심으로 살아가는 이 세상의 논리, 정신력과 욕망의 확장으로 지배하려는 세속의 방식과는 전혀 다른 차원에 계시기 때문입니다. 그래서 그분은 우리의 지혜와 지식으로는 닿을 수 조차 없는 분이십니다. 하나님에 대한 올바른 지식은 집주인이신 아버지를 신뢰함으로 나아가는 믿음 안에서, 성령의 탄식 어린 기도의 교감 안에서 일어납니다. 우리는 그 안에서 하나님이 정말 누구신지 알아보는 믿음의 눈을 뜨게 됩니다. 올바른 경보는 이 믿음의 선순환이 일어날 때 정확하게 울립니다. 마음이 평안해지고 필요한 순간의 타이밍을 분별할 수 있을 때, 우리의 마음은 비로소 누구를 환영하고 누구를 경계해야 할 지 알게 됩니다. 잘못된 신호로 살아왔던 삶을 돌이켜 회개하십시오. 생명의 신호가 늘 우리 마음과 삶에 넘치기를, 복된 신호가 마음에 가득하기를 축복합니다. 그 신호를 주시는 주님의 음성에 늘 마음의 주파수를 맞추어 보세요. "오직 나의 안에 거하여라. 우리 모두가 생명으로 살아나는 그 집을 지켜라."는 복된 초대에 응답하는 삶이 되기를 축복합니다.

우리는 기도합니다

주님, 위기가 닥칠 때, 무언가 하지 않으면 안될 것 같이 초조해 질 때, 잠시만 멈추어서 내 마음에 빨간 신호등을 켜 봅니다. 당신과의 깊은 사귐 안에서 진정 우리가 무엇을 두려워했는지 알게 하시고, 당신 안에서 담대하게 나아갈 수 있도록 함께하여 주시옵소서.

속지 말자! 거짓 경보

★ 어웨이크닝 포인트

집주인은
영원한 생명의 근원이시고,

집주인이 주고자 하는 귀한 선물은
영원한 조에와 그 생명 안에 들어 있는
보물들, 그리고 조에로 깨어난
새사람과 새사람들이 만든
새 세계에 관한 것이다.

생명을 가로막는 모든 잘못된 의식,
관념, 감정, 습관을 사로잡아
주님께 굴.복.시.켜.라!

깊은 기도의 차원만이
올바르게 분별하게 한다.

내 판단이 아니라 믿음으로
영의 경보가 작동되도록

집주인이신 아버지를 신뢰함으로
성령의 탄식 어린 기도와
교감 안에서
마음의 경보를 단단히 정비하라!

★ 거짓 경보에 속은 두 가지 신앙 형태

① 생명의 부요가 '속이는 정신'에 의해 제한된 율법적 신앙 형태

하나님 안의 부요를 함부로 의심하고 제한한다. 겸손한 척 한다. 예수님께서 우리를 생명으로 살게 하시기 위해 오셨다는 것을 실제로는 믿지 않는다. 살아가는 욕구 자체를 죄로 여기며 죄책감에 시달린다.

② 생명의 부요가 '물질로 도구화되고 환원된' 기복적 신앙 형태

물질적 부요를 위해 생명을 도구화하고 현상계와 욕심에 집중한다. 하나님의 부요를 욕심과 이기심으로 환원한다. 예수님의 십자가도 겨우 자기들의 성공, 물질적 풍요를 위한 수단으로 가치 절하한다.

"그분은 모든 것을 합력해서 기가 막힌 타이밍과 방식으로 인도하십니다. 이것을 전적으로 믿으십시오."

★ 조에의 생명 시그널을 애용하라!

> 조에의 생명력 있고 가치 있는 복된 삶으로 돌이키십시오!
>
> 하나님에 대한 새로운 믿음으로,
> 생명으로 새로 창조하신 새사람에 대한 믿음으로,
> 귀한 가치와 복된 의미로, 함께 살아가는 상생의 능력으로,
> 새로운 나라에 대한 영감을 불러일으키는
> 조에의 생명 시그널을 애용하세요!

😮 고장 난 경보 시그널에 속은 두 가지 신앙 형태는 잘 알겠습니다. 그러나 조에의 생명 시그널은 명확하지 않은 것 같네요. 에너지가 넘치고, 사랑이 많고, 풍요롭고 부요한 상태로 보면 되나요?

새사람의 무한 에너지와 사랑을 옛사람의 기복과 잘 구분하세요.

하나님의 영으로 거듭난 사람은 새로운 정신과 몸의 현실과 하나님 나라를 더욱 아름답고 풍요하게 만들어 가고 나누는 힘이 있습니다.

하나님의 임재 안에서 풍요함과 아버지의 성품(특히 용서와 사랑과 자비)를 누릴 때, 우리는 의의 상태에 대해 알 수 있습니다. 집주인이신 아버지를 신뢰함으로 나아가는 믿음 안에서, 성령의 탄식 어린 기도의 교감 안에서, 바르게 인도해 줄 수 있는 믿음의 장성한 분량을 채운 분들과의 관계 안에서, 사랑으로 지지하는 공동체 안에서 올바르게 분별할 수 있을 것입니다.

⭐ 나의 어웨이크닝 포인트

*본문의 내용 중 새기고 싶은 문장이나, 읽으면서 깨달은 것을 적어 봅니다.

_____

_____

_____

_____

_____

BORN
AGAIN

Chapter 5 | 하나님의 비밀이 그 안에

이 비밀은 만세와 만대로부터 감추어졌던 것인데 이제는 그의 성도들에게 나타났고 하나님이 그들로 하여금
이 비밀의 영광이 이방인 가운데 얼마나 풍성한지를 알게 하려 하심이라 이 비밀은 너희 안에 계신 그리스도
시니 곧 영광의 소망이니라   ▌골로새서 1장 26~27절

12. 새사람의 기원

복음은
세상이 알 수 없었기에
구할 수도 없었던 비밀입니다.

새사람은 도대체 어디에서 탄생한 것일까요? 그 기원은 복음의 비밀과 연관되어 있습니다.

복음의 비밀 프로젝트에서 탄생한 새사람

새사람은 바로 하나님의 비밀 프로젝트에서 탄생되었습니다. 하나님은 구약 시대 내내 의인을 찾으셨는데, 율법으로는 스스로 의인이 될 수 있는 이가 없었습니다. 또한 하나님께서는 인간의 운명이 이미 근본적인 죄 가운데 있다는 것을 아셨습니다. 에덴동산에서 아담과 하와가 하나님의 뜻이 아닌 선악과를 선택한 뒤 바로 다음 세대에 인류의 첫 살인사건이 일어난 것만 봐도 알 수 있습니다. 노아의 홍수 시대에 완전히 타락한 사람들의 모습, 출애굽 한 이스라엘 백성들이 광야에서 고생하면서도 겸손해지지 않고 계속 죄를 짓는 모습도 마찬가지입니다. 힘들어도 죄를 짓고, 잘 살아도 죄를 짓는 악순환이 성경에 반복되어 나타납니다.

성경은 죄가 운명과도 같다는 것을 알려줍니다. 예수님의 계보에 거룩한 성왕으로 이름을 올린 다윗조차도 죄 짓는 모습이 성경에 기록되어 있습니다. 그런 모습은 성경의 이야기에서 제외하면 좋지 않았을까요? 그런데 성경은 이를 사실 그대로 기록합니다. 아무리 거룩한 성도라도 하나님을 떠나면 죄인일 수밖에 없다는 진리를 드러내기 위함이지요. 또 거룩한 믿음의 사람이 나타났다가도 바로 그 후대만 가면 악행이 거듭되는 역사를 보고 하나님께서는 비밀 프로젝트를 시작하셨습니다. 그것은 바로 십자가의 죽음과 부활 생명입니다. 왜 이것이 비밀일까요? 사단이 알아차리지 못하는 방식이기 때문입니다.

사단이 알아차렸다면 십자가 사건은 일어나지 않았을지도 모릅니다. 그러나 그 방식은 세상의 방식과 너무나 반대였습니다. '어떻게 하면 더 잘 살지? 어떻게 하면 내 자아를 더 극대화하지? 어떻게 하면 더 소유할 수 있지? 어떻게 하면 경쟁하여 이기지?'하며 살아가는 세상은 전혀 알 수도 없고 이해할 수도 없는 방식입니다.

예수님의 십자가가 자신들을 멸망하게 하는 것이라는 사실을 알았다면 그 날 어둠의 진영은 십자가 사건이 일어나는 것을 막았을 것입니다. 그러나 어리석은 어둠의 마왕은 십자가로 이기는 방법을 몰랐기에 자신이 이긴 줄 알았습니다. 그런데 예수님은 사흘 만에 부활하셨고, 하늘에 오르시어 이 세상에 새로운 생명의 길을 보여주셨습니다. 그때 죽음의 권세 아래 있던 모든 인류의 운명이 바뀌었습니다. 태초부터 세상 끝 날까지, 창세기부터 요한계시록까지, 과거의 역사 속에 존재했던 모든 사람들과 현재와 미래를 살아가는 사람들 모두의 운명이 '죽음에서 생명으로' 넘어가는 운명으로 바뀌었습니다. 그 날은 바로 하나님의 비밀 프로젝트, '예수 그리스도의 십자가 안에서 새사람들이 탄생하는' 승리의 날이었습니다. 예수님이 오시기 전에는 주술적이고 기복적인 우상이나 섬기던 사람들이 이제 하나님의 위대한 자녀가 되어 하늘의 존귀한 자가 되는 권세를 받았습니다. 과거에 지은 죄부터 앞으로 지을 죄까지 전부 보혈로 속량을 입었습니다. 십자가로 인해 온 피조계에 하나님의 영광이 나타났고 이 세상의 어떤 것과도 비교할 수 없는 권세와 능력이 나타났습니다. 이것이 새사람의 기원입니다.

십자가는 시간을 관통하고

구약 시대에 살았던 인물들조차 예수 그리스도를 통해 새사람을 입게 되었습니다. 인과적인 갇힌 시간만 알고 사는 사람들은 구약은 폐하고 신약만 있으면 된다고 말하지만, 그것은 하나님 안에 있는 시간의 비밀을 알지 못하는 말입니다. 사실 예수 그리스도의 십자가 사건은 당시의 역사 속에 물리적으로 나타나지 않았던 것일 뿐, 구약 시대의 사람들도 성령의 감동으로 시간과 공간의 차원에서 이미 나타나셨던 예수 그리스도를 믿음으로써 거룩하게 된 것입니다.

역사적으로만 보면 다윗은 예수님보다 먼저 태어난 오랜 선조인데, 그는 앞으로 태어날 예수님의 십자가 사건을 먼저 믿음으로 보고 시편에 고백하였습니다. 하나님의 시간은 영원의 현재성을 가지고 있기 때문에 성령께서는 구약의 인물들 속에서도 그리스도를 증거하셨습니다. 구약과 신약은 영이신 삼위일체 하나님이 역사 속에서 계시되었는지의 차이가 있을 뿐입니다. 즉 현상계 속에서는 시간적 차이가 있는 것처럼 보일지라도, 태양력의 시간을 초월하여 계신 성령께서 하나님의 영원한 시간 안에서 구약 시대의 인물들에게도 믿음을 주신 것입니다.

하나님의 시간 안에서는 아브라함도, 야곱도, 모세도 새사람으로서 하나님께서 부르시는 길을 믿음으로 걸어갔습니다. 구약의 믿음의 선조들도 모두, 하나님의 놀라운 프로젝트, 십자가에서 부활의 생명으로 거듭나게 되는 비밀의 경륜 안에 있었던 것입니다. 우리의 삶도 전부 하나님의 비밀 프로젝트 안에 있습니다. 그런데 옛사람은 그것을 잘 알아차리지 못하고 항상 엉뚱한 것에 속습니다. 옛사람의 방식으로는 '남 좋은 일만 하는 게 아닌가? 비효율적이지 않은가? 나를 우습게 여기면 어떡하지?'라는 생각부터 시작하여, 다양한 방식으로 이 십자가의 구원의 비밀을 인정하지 못합니다. 그러나 하나님이 이 세계를 이끌어가는 경륜은 우리의 한계 있는 지각으로는 알아차리지 못합니다. 그분은 모든 것을 합력해서 기가 막힌 타이밍과 방식으로 인도하십니다. 이것을 믿으십시오.

 구약 시대의 사람들은 육백여 개가 넘는 율법을 다 지켜야만 하나님께 의롭다함을 받을 수 있었습니다. 그러나 하나님께서는 십자가 사건으로 단번에 모든 죄를 해결하셨습니다. 이를 오직 믿음으로 받아들이고 이미 이루어졌음을 감사하십시오. 사랑하십시오. 우리는 때로 이미 하늘에서 이루어진 것은 잘 생각하지 않고 나의 괴로운 현실만 보면서 절망하기도 합니다. 그러나 이미 이루어진 모든 것이 영광과 풍성함으로 이 땅에서 지금도 이루어지고 있음을 믿을 때, 새사람에게 심어놓은 생명의 비밀이 완성됩니다.

 예수님이 십자가에 달리신 그날, 모든 하늘의 뜻이 이루어졌습니다. 하나님의 영광과 풍성함을 알고, 듣고, 믿고 행한 사람들은 그 승리를 소유한 사람들입니다. 우리는 생명이 일하는 것을 경험하는 사람입니다. 우리가 할 일은 믿음으로 하나님께 내 삶을 내어드리는 것입니다. 하나님께 우리의 삶 전체를 드리십시오. 나의 잘남도 못남도, 실패도 성공도 전부 믿음으로 내어드리면 그곳에 생명의 용광로가 있습니다. 하나님의 용광로에는 생명밖에 없습니다. 그 용광로에 들어간 모든 것은 뜨거운 생명에 녹아 정금같이 되고, 죄와 옛사람의 모든 것은 완전히 타서 사라집니다.

이 비밀을 모르게 하려고

하나님의 계획은 그분의 완료된 시간 안에서 이미 이루어졌습니다. 예수님이 부활하셔서 제자들에게 나타나신 다음에야 사단은 땅을 치며 그 비밀을 알게 되었습니다. 생명의 대전쟁에서 승리한 날, 사단이 실패하고 하나님께서 승리하신 날, 사단은 완전히 지옥의 불못과 무저갱에 갇히기로 작정 되었습니다(계 20). 그 운명이 얼마나 억울하고 속상하고 분통이 터지는지, 사단은 혼자 갈 수 없어서 이미 영광을 받은 자들 중에서 한 사람이라도 빼내려고 눈에 불을 켜고 있습니다. 이미 영원한 생명을 약속으로 받은 사람들의 삶을 속이고 가장 중요한 이 비밀을 보지 못하게 합니다.

우리는 조금 덜하고 더 나은 차이가 있을지라도 모두가 죄인이었고, 운명과도 같은 죄의 짐을 계속 지는 노예였습니다. 어떻게 하면 더 잘 살까, 더 잘해볼까, 더 착해질까를 저마다의 기준으로 애쓰지만 결국 혼자 더 큰 짐을 진 것에 불과했습니다. 사단은 죄의 노예에서 벗어나 생명의 운명으로 바뀐 사람들이 행복한 꼴을 보지 못합니다. 거짓의 아비가 하는 일은 속이는 것 뿐입니다. 자신의 힘으로 얼마든지 의인이 될 수 있다고 하면서 율법주의에 빠지게 하고, 잠깐 살다 가는 이 세상이 전부인 것처럼 정과 욕에 집착하게 합니다. 복되고 형통하게, 가치 있게 사는 것을 방해합니다. 우리가 새사람으로 이미 태어났다는 것을 믿지 못하게 합니다. 혹은 새사람이 살아가는 방식에 옛사람의 패턴을 뒤집어씌웁니다. 그리고 어떻게 하든지 죽음으로 끝이 날 자신들의 운명으로 한 사람이라도 끌어들이려고 합니다.

영으로 깨어 이 실상을 보십시오. 온 세상 사람들이 다 그렇게 살고 있으니 우리도 그리 살아야 한다고 속지 마십시오. 십자가의 방식이 어리석다는 큰 착각에서 벗어나십시오. 십자가는 새사람을 탄생시키는 하나님의 극비 프로젝트입니다. 죽음으로 가던 모든 피조계 전체의 운명이 그리스도 안에서 완전히 바뀌었습니다. 이제 우리는 새사람으로서 생명의 대로를 하나님과 동행하며 놀라운 능력과 성품을 받습니다. 이미 받은 것을 믿고 행하는 사람, 십자가에 있는 모든 것을 믿고, 누리고, 사용하는 생명의 사람이 바로 새사람입니다.

우리는 기도합니다

사랑의 주님, 우리는 이미 십자가를 통해 위대한 생명으로 태어난 자입니다. 죽음으로 가는 모든 운명이 당신 안에서 생명으로 전복되었습니다. 이 놀랍고 경이로운 비밀을 사단은 결코 알 수도 없고 행할 수도 없었습니다. 우리가 어둠의 계략에 속지 않게 하소서. 당신의 생명 속에서 예비하신 보화를 아낌없이 누리고, 사용하게 하옵소서.

십자가는 새사람을 탄생시키는
하나님의 극비 프로젝트다

★ **어웨이크닝 포인트**

하나님께서는 사단이 알아차리지 못하는 방식으로 세상이 알 수도 없고 이해할 수도 없는 십자가의 방식으로 죽음에서 생명으로 모든 인류의 운명을 바꾸어 주셨다. 이 날, 예수 그리스도의 십자가 안에서 새사람들이 탄생했다.	영으로 깨어 실상을 보라! 우리는 생명의 대로를 하나님과 동행하며 이미 받은 것을 믿고 행하는 사람, 십자가에 있는 모든 것을 믿고 누리고 사용하는 새사람이다.

😊 **예수님의 십자가 사건을 믿으면 새사람으로 탄생한다는 건데, 그렇다면 예수님이 태어나시기 전 구약 시대에 있었던 인물들은 다 옛사람인가요?**

하나님 안에 있는 시간의 비밀이 이 문제를 해결하는 열쇠입니다. 사실 예수 그리스도의 십자가 사건은 당시의 역사 속에 물리적으로 나타나지 않았던 것일 뿐, 구약 시대의 사람들도 <u>성령의 감동으로 시간과 공간의 차원에서 이미 나타나셨던 예수 그리스도를 믿음으로써 거룩하게 된 것입니다.</u>

구약의 믿음의 선조들도 모두, 하나님의 놀라운 비밀 프로젝트, 십자가에서 부활의 생명으로 거듭나게 되는 경륜 안에 있었습니다.

<u>하나님이 이 세계를 이끌어가는 경륜은 우리의 한계 있는 지각으로는 알아차리지</u>

못합니다. 그분은 모든 것을 합력해서 기가 막힌 타이밍과 방식으로 인도하십니다.
이것을 믿으십시오.

★ 믿음으로 알게 되는 비밀

십자가 사건을 믿음으로 받아들이고
이미 이루어졌음을 감사하십시오.

이미 이루어진 모든 것이
이땅에서 지금도 이루어지고 있음을 믿을 때,
새사람에게 심어놓은 생명의 비밀이 완성됩니다.

믿음으로 하나님께
우리 삶 전체를 드리십시오.
우리는 생명이 일하는 것을 경험하는 사람입니다.

★ 사단의 물귀신 작전: 나 혼자는 못 죽지

사단은 가장 중요한 이 비밀을 모르게 하려고
이미 영원한 생명을 약속으로 받은 사람들을 속입니다.

주의! 사단(거짓의 아비)이 하는 일은 속이는 것뿐입니다.

우리가 새사람으로 이미 태어났다는 것을 믿지 못하게 하며,
옛사람의 방식으로 계속 끌어당겨서 새사람의 방식으로 살지 못하게 합니다.

⭐ 나의 어웨이크닝 포인트

*본문의 내용 중 새기고 싶은 문장이나, 읽으면서 깨달은 것을 적어 봅니다.

육으로 난 것은 육이요 영으로 난 것은 영이니 내가 네게 거듭나야 하겠다 하는 말을 놀랍게 여기지 말라 바람이 임의로 불매 네가 그 소리는 들어도 어디서 와서 어디로 가는지 알지 못하나니 성령으로 난 사람도 다 그러하니라

▋요한복음 3장 6~8절

13. 새사람의 방식

옛사람의 그릇에
새사람의 내용을 담을 수는 없습니다.

절대 타협 불가 지점: 영은 영이고 육은 육이니

예수님은 신(神)과 삶에 관해 깊이 탐구하는 종교인(人) 니고데모를 향해서 새롭게 거듭나야 한다고 말씀하십니다. 예수님께서 말씀하신 거듭난 사람은 자연인이 아닙니다. 자연인은 그 영에 하나님의 생명이 없어 목숨은 붙어 있으나 영으로는 죽은 사람입니다. "만일 너희 속에 하나님의 영이 거하시면 너희가 육신에 있지 아니하고 영에 있나니 누구든지 그리스도의 영이 없으면 그리스도의 사람이 아니라"(롬 8:9). 로마서 8장 9절은 거듭난 새사람, 새생명을 담은 사람은 영혼에 '하나님의 영이 거하는 사람'이라고 말합니다. 사람의 영혼에 진리이신 하나님의 영이 담기신다는 뜻입니다. 그래서 영혼이 깨어나는 것이 참 중요합니다. 영혼이 깨어난 새로운 사람은 속사람으로 하나님의 법을 즐거워합니다(롬 7:22).

그러니 우리의 삶을 돌아볼 때 '하나님의 법은 어쩌면 그렇게 기쁘고 즐겁고 좋을까? 생각만 해도 웃음이 나고 행복해!'라는 생각이 들지 않고, 다른 것에 더 즐겁고 관심이 많다면 영혼이 새롭게 깨어난 상태는 아니라고 진단할 수 있습니다. 그래서 요한복음 3장 6절은 "육으로 난 것은 육이요 영으로 난 것은 영이니"라고 뚜렷하게 구분해줍니다. 성경은 웬만해서 이분법을 사용하지 않습니다. 그런데 이 두 개의 세계만큼은 정확하게 갈라서 이야기하고 있습니다. 하나님의 법을 즐거워하는 사람에게는 하나님 나라의 부요와 풍성함이 있어서 흔들리지 않고, 힘이 있습니다. 끝까지 견뎌서 임계점을 돌파해 삶을 전환하고, 늘 하나님을 사랑하는 특징이 나타납니다.

 그러니 새사람이란 육의 눈으로는 보이지 않지만 실상의 존재와 세계와 관련된 존재임을 이해해야 합니다. 그러면 우리가 힘써 대적해야 하는 것이 다른 것이 아니라 '겉사람'과 '겉으로 보이는 세계에 집중된 삶'이라는 것을 알게 됩니다. 사단은 겉으로 보이는 모든 표면적인 것에 관심을 두게 합니다. 보이지 않는 실상의 세계에 대해서 모르게 하기 위해서이지요. 그 세계가 진짜이기 때문에, 우리가 실상을 알면 흑암의 권세로 세계를 장악하고 있는 사단이 자기 세계를 뺏겨 버리기 때문입니다. 그들은 사람이 종노릇을 하면서 자유 의지를 자발적으로 바쳐야 살 수 있기에 우리를 속입니다. 보이는 것과 표면적인 것에 관심을 두게 하고, 분주하게 하고, 대단한 일을 성취하는 것처럼 생각하게 해서 하나님 없이도 살 수 있다고 속입니다. 하나님이 없어도 똑똑하면 되고, 더 소유하면 되고, 선하면 되고, 인간관계가 좋고 인맥이 좋으면 잘 살 수 있다고 자꾸 착각하게 만듭니다.

겉사람과 세계에 집중하느라 배후에 있는 거짓 세계의 조종에 속게 되면 속사람이 시들해집니다. 속사람이 강건하지 않은 이유는 겉사람에 속고 있느라 정작 사용해야 할 새사람의 능력을 사용하지 않기 때문입니다. 겉사람에 속으면 허상에 자꾸 신경을 쓰고, 생명의 능력을 사용하지 못합니다. 그래서 두 가지가 필요합니다. 금하고, 사용하십시오! 금해야 될 것을 금하고, 무심할 것에 무심하고, 관심을 두고 집중해야 될 것에 집중하십시오. 복 있는 삶은 이렇게 단순합니다.

구멍 난 누수 영역을 점검하라

생명의 삶은 죽은 후에 천국에 가서 살면 되고, 이 땅에서는 되는대로 살아도 된다고 생각하는 사람들이 있습니다. 그러나 생명의 삶이 이 땅에서 자라지 않으면 삶이 힘들어집니다. 가장 먼저 기쁨이 사라집니다. 무엇을 해도 기쁘지 않습니다. 선한 일을 하는 것이 짐처럼 느껴지고, 종교 생활을 해도 잠깐 은혜받았다가 뒤돌아서자마자 잊어버리고, 세상에서 져야 할 짐은 점점 커져서 눌리고 힘들게 됩니다.

삶이 피곤하고 고달프면 '내가 너무 많은 짐을 지고 있구나. 지나치게 바쁘구나.' 하고 알아차려야 합니다. 그런데 사실 속사람이 강건하면 일이 바빠도 힘이 있습니다. 참 신기하게도, 많은 일을 잘하고 있는 사람들은 바빠도 일을 잘 해냅니다. 하나님의 일에 헌신하는 사람들도 이런저런 일들을 넉넉히 해내면서도, 내면이 강건하여 기쁨으로 헌신을 감당하고도 남습니다. 그러니 힘 있는 삶을 위해서는 우선순위가 바뀌어야 합니다. 먼저 말씀을 듣고 새기고 행하면서 속사람이 강건해지면 나머지 일들도 넉넉히 해낼 수 있습니다. 다른 일에 마음이 매여, '사람들이 날 어떻게 생각할까, 이게 안 되면 우리 가정은 어떻게 될까, 내 앞날은 어떻게 될까…' 하고 낙심하면 누수되는 에너지가 많습니다. 바쁘게 사느라 힘든 것이 아니라, 겉사람에 매여 있느라 낭비되는 에너지가 많은 것입니다. 겉사람의 하위 의식들을 걷어내야 삶의 에너지가 회복됩니다.

또한 새생명이 계속 자라지 않으면 삶이 무기력해집니다. 고인 물이 썩는 것처럼 마음이 자연히 부패해집니다. 그러니 행할 능력이 없습니다. 능력은 항상 하나님 안에 있는 새생명으로부터 나옵니다. 속사람이 강건해져서 바깥으로 나가야 하는데, 그것이 되지 않으니 속이 자꾸 썩어 육신의 일을 도모하게 됩니다. 그것이 겉사람의 특징입니다. 겉사람은 자기 힘으로 애를 써보지만 사는 것이 너무 힘듭니다. 세상은 너무 커 보이고, 목표를 세워서 이뤄보려 해도 힘이 없습니다. 사실은 목표가 커서 힘든 것이 아닙니다. 세상이 주는 목표는 아무리 커 봐도 하나님께서 주시는 목표보다 크지 않습니다. 그러나 겉사람은 반대로 생각하기에 결국 허망한 것을 쫓으며 아무것도 이루지 못합니다.

사실 이 세상은 소수만 잘살게 되어 있는 구조입니다. 대다수의 사람은 아무리 애써도 얻을 수 있는 것이 그리 많지 않습니다. 이런 구조에서는 겨우 무언가를 끝내 놓아도 또 다음 목표를 향해 달려야 합니다. 그렇게 사느라 온 신경을 쓰고, 몸은 경직되고, 심장은 빨리 뛰고, 화는 치밀어 오릅니다. 모두 세상의 종노릇을 하느라 얻는 병입니다. 그러나 사회적 평판 때문에 치밀어 오르는 스트레스와 화를 함부로 표출할 수도 없습니다. 결과적으로 가까운 사람들, 사랑해야 할 사람들에게 분노를 폭발하고는 자책감과 무기력에 시달립니다. 결과적으로 '나는 가치가 없는 존재야.'라고 생각하거나, 조금이라도 잘하면 그것으로 만족하면서 새사람이 사는 방식에는 관심을 두지 않습니다.

속사람을 강건케

에베소서 6장 12절은 "우리의 씨름은 혈과 육을 상대하는 것이 아니요 통치자들과 권세들과 이 어둠의 세상 주관자들과 하늘에 있는 악의 영들을 상대함이라"고 말합니다. 보이지 않는 진짜를 상대해야 합니다. 정사와 권세들, 어둠의 세상 주관자인 하늘에 있는 악한 영들이 배후에서 우리를 어떻게 속이는지 알아야 합니다. 속사람이 강건하지 않으면 눈에 보이는 그럴듯한 것에 속습니다. 그래서 속사람을 강건하게 하는 것이 우리의 주된 관심사가 돼야 합니다. 하나님의 영이 우리의 영혼에 담기는 것을 최우선으로 두어야 합니다. 하나님의 영과 일치하면 우리의 영은 배가 부르고, 세상에 아쉬울 것이 없어집니다. 반대의 증상이 나타나고 있다면 알아차리십시오. 화가 날 때, 억압이 있을 때, 고통스러울 때, 결핍 의식으로 시달릴 때 거기에 빠져들지 말고 즉각 알아차려야 됩니다. '내 영혼이 배고프구나. 내 영혼이 굶주렸구나. 목이 마른 것이구나.' 하고 말이지요. 그리고 생명의 양식, 영혼의 양식을 충분히 섭취하십시오. 복음적인 말씀, 마귀의 궤계를 분별할 수 있는 말씀을 많이 들으십시오.

두 가지에 집중하며 말씀을 들으십시오. 먼저 근원적인 복음의 말씀을 계속 들어야 합니다. 또 비슷해 보이지만, 그 끝은 복음이 아닌 영들을 분별하는 말씀을 들어야 합니다. 그것이 우리가 사는 힘이며 영혼의 양식입니다. 진리의 말씀을 타고 성령이 역사하시면 믿음이 자라기 때문입니다. 믿음은 들음에서 납니다. 이 단순한 원리를 꼭 기억하십시오. 마음이 힘들 때 다른 것으로 분주해지지 말고, 복음적인 말씀과 영혼을 강건케 하는 말씀을 아무 생각 없이 들으십시오. 당장 이해가 되지 않더라도 우선 말씀을 듣고 읽으십시오. 그러면 우리 안의 속사람에 믿음과 소망과 사랑의 힘이 생깁니다. 믿음이 얼마나 강력한 힘인지 아십니까? 이 세상을 이기는 전능의 힘입니다. 모든 것을 버티고 넘어서는 초월적인 힘입니다. 그 가운데에 소망이 함께합니다. 소망은 끝까지 견뎌서 임계점을 돌파할 수 있도록 인내하는 힘입니다. 궁극적으로 사랑의 힘이 우리에게 옵니다. 운명적으로 죄와 사망의 권세에 매여 고통받는 우리 모두를 불쌍히 여기시는 하나님의 마음을 받게 됩니다.

믿음 생활을 하면서도 여전히 힘이 없습니까? 매일 새사람의 힘을 풀어놓으십시오. 겉으로 드러나고, 보이고 느껴지고, 의식되는 총체인 겉사람으로는 개인보다 큰 세상을 상대하기가 어렵습니다. 겉사람의 특징은 과거의 경험과 인과의 법칙에 매여 있다는 것입니다. 과거의 경험, 배움, 상처와 감정, 과거에 이루어 놓은 학연, 혈연, 지연 등이 인과적으로 계속 작용하고 있어 자신을 '과거의 경험'이라고 생각합니다. 그리고 그것을 자원으로 하여 살아갑니다. 겉사람에게 인과적 세계는 하나의 법처럼 폐쇄 회로로 형성되어 있기 때문에 벗어나는 것이 어렵습니다.

그런데 새사람은 과거의 종이었던 신분에서 벗어나 새로운 언약의 땅으로 출애굽하고, 미래의 영이신 성령과 함께 현재를 살아갑니다. 새사람은 현상의 세계를 초월하여 하나님과 교통하는 영혼의 힘을 가지고 있습니다. 영혼의 힘은 단기간에 얻어내는 것이 아니라 우리의 영혼 깊은 곳까지 성령께서 뿌리내리실 때 자연스럽게 자라납니다. 그런데 표면적으로 신앙생활을 하고, 또 바쁘게 살면서 자신의 안을 돌아볼 시간이 없으면 내적으로 뿌리내리지 않습니다. 그러면 애쓰고 힘쓰는 신앙생활을 함에도 불구하고 내적으로 튼튼하지 못합니다. 약한 사람은 언제나 남 탓과 환경 탓을 자꾸 하고, 율법적으로 정한 테두리 안에서 전전긍긍하다가 '역시 하나님 말씀대로 해 봤자 되지 않아.'라고 좌절하게 됩니다. 하나님 말씀이 문제가 아니라 우리 안에 세상을 상대할 만한 내적 힘이 크지 않기 때문입니다. 그래서 영혼의 법, 새사람의 법, 하나님의 법이 내면의 무의식까지 깊이 뿌리를 내리는 것이 중요합니다.

　새사람에게 새사람의 방식이 있듯이, 옛사람에게도 그 존재에 걸맞은 삶의 방식이 있습니다. 세상의 법과 율법은 인과적이기에 우리가 원인을 제공한 것을 반드시 그에 상응하는 결과로 돌려받습니다. 그런데 영혼의 방식은 아무 조건과 대가를 생각하지 않습니다. 그 순간 우리는 이상한 충만함을 느낍니다. 우리가 심은 곳이 아닌 데서 열매를 거둘 수도 있지만, 더 이상 결과가 그렇게 중요하거나 거기에 매이지 않게 됩니다. 영이신 하나님의 생명과 사랑은 아무 조건 없이 우리에게 충만함을 주시고, 성령의 바람이 되어 어디에도 매이지 않고 불어 가십니다. 비록 눈에 보이는 일을 행하지 않으실지라도, 그분의 영이 우리에게 담기시기만 하면 영혼의 깊은 곳에 뿌리를 내리시고 열매를 맺으십니다. 그러니 하나님의 영이 일하시는 방식을 우리의 방식과 고집대로 제한하지 마세요. 충만한 은혜의 새 술을 율법의 옛 부대에 담을 수는 없습니다.

우리가 기대할 것은 옛사람의 방식으로 가득한 세상의 변화가 아닙니다. 새사람에 주목하며 그 존재에 걸맞은 방식으로 흥왕하십시오. 옛사람들의 나라도 옛사람의 방식대로 움직여야 하는 것처럼, 새사람들의 나라도 새사람의 방식으로 움직여야 흥왕합니다. 세상을 향해서는 뱀처럼 지혜롭게, 하나님 나라를 향해서는 순결한 영혼의 법을 따라 행하십시오. 우리의 귀한 새사람을 지키기 위해 새로운 계명이 필요합니다. 자기 유익이나 필요 때문이 아닙니다. 사랑 자체이시며 모든 존재의 근원이신 하나님의 통로 된 새사람을 사랑하고 지키기 위해서입니다. 우리는 하나님의 힘과 권세를 받아 이웃과 세상을 사랑할 수 있습니다.

세상 속에서 지쳐 두려워하며 살다가도 오직 그 영혼의 법을 지키고 전하기 위해 다시 일어날 수 있다면, 염려는 주님께 맡기고 순간순간 기쁨과 생명으로 묵묵히 살 수 있다면, 우리에게는 이미 주님께서 주신 강력한 힘이 예정되어 있습니다. 세상은 자연스럽게 그 생명의 힘을 느끼게 될 것입니다. 봄의 기운이 온 들녘을 깨우듯이, 생명이 퍼져나갈 때 비로소 변화가 시작됩니다. 순간순간 삶이 힘겨워질 때도 기억하세요. 원수 앞에서도 불굴의 영혼으로 하나님의 뜻을 생각했던 다윗과 같은 믿음의 조상들을 기억해 보세요. 당장은 손해를 보는 것 같고, 위험이 지척에 있고, 남에게 이용당하며 사는 것 같아도 하나님이 살아 계시며 이 모든 것을 알고 계신다는 것을 믿는 자에게 복이 있습니다. 우리의 영혼은 성령으로 강건해지며 어떤 재앙도 흔들 수 없도록 깊게 뿌리를 내리고 있습니다.

우리는 기도합니다

주님, 보이는 환경이 전부인 줄 알고 거기에 마음을 매며 살아왔습니다. 이제는 그것이 어둠의 전략임을 깨닫고 무심해지겠습니다. 무심할 것에 무심하고, 집중해야 할 복음에 집중하겠습니다. 성령님을 제 마음에 모시는 것을 우선순위에 두고 당신과 함께 기뻐하겠습니다. 하나님의 자녀 된 권세로 하나님이 지으신 실상의 세계를 살아갈 때, 넉넉히

이 세상의 일들을 다스릴 수 있을 줄 믿습니다. 새사람, 새생명이 누리는 이 단순한 신앙생활을 더욱 더 깊이 알게 하옵소서. 십자가의 도가 우리의 삶에 흐르게 하옵소서. 새사람들의 공동체가 흥왕하게 하옵소서.

속사람을 강건하게 하라!

★ 어웨이크닝 포인트

**겉사람과 보이는 세계에
'집중'하느라**
배후에 있는
**거짓 세계의 '조종'에 '속게 되면'
속사람이 시들해진다.**

표면적인 것에 관심을 두게 하고
분주하게하고 대단한 일을 성취하
는 듯 생각하게 하는 착각을
경계하라.

속사람이 강건해지기 위해서는
**먼저 말씀을 듣고, 새기고, 행하라.
내면의 무의식까지**
하나님의 생명의 법,
영혼의 법이 새겨지도록
생명의 양식, 영혼의 양식을
잘 먹어야 한다.

말씀이 우리가 사는 힘이다.
진리의 말씀을 타고
성령이 역사하시면
믿음이 자라기 때문이다.

믿음은 들음에서 난다.

☑ 체크 포인트

① 무엇을 해도 기쁘지 않고 삶이 고달프고 피곤하다면?

바쁘게 사느라 힘든 것이 아니라 누수 되는 에너지가 많은 것이다.
속사람이 강건하면 일이 바빠도 힘이 있고 감당하고도 남는다.
힘 있는 삶을 위해서 우선순위가 바뀌어야 한다.

② 삶이 무기력하다면?

새생명이 자라지 않으면 무기력해진다.
자기 힘으로 애를 쓸수록 점점 더 힘들어진다.

겉사람의 하위 의식을 걷어내고 삶의 에너지를 회복하라!
새사람의 능력은 하나님 안에 있는 새생명으로부터 나온다.

★ 금하고! 사용하라!

새사람의 '영혼의 방식':
인과성과 당위성을 고집하는 옛사람의 방식과 다르다.
내가 심은 곳에서 꼭 열매를 맺어야 한다고 매이지 않는다.

세상을 향해서는 뱀처럼 지혜롭고
하나님 나라를 위해서는 비둘기처럼 순결하다.

하나님을 사랑하고 그 사랑을 받아
세상으로 나가는 통로인 '자신'을 사랑하고
힘과 권세를 받아 이웃을 '사랑'한다.

금해야 할 것은 금하고
무심해야 할 것은 무심하고
집중해야 될 것에 집중하십시오.
복 있는 삶은 단순합니다.

⭐ 나의 어웨이크닝 포인트

*본문의 내용 중 새기고 싶은 문장이나, 읽으면서 깨달은 것을 적어 봅니다.

_____

_____

_____

_____

_____

그러므로 너희가 더욱 힘써 너희 믿음에 덕을, 덕에 지식을, 지식에 절제를, 절제에 인내를, 인내에 경건을, 경건에 형제 우애를, 형제 우애에 사랑을 더하라

▍베드로후서 1장 5~7절

14. 새사람의 성품

예수 생명이 우리 안에 내주하심을 믿을 때,
그분의 특성이 인내를 거쳐 신적 성품으로 나타납니다.

베드로후서 1장 5~7절 말씀은 믿음과 덕, 지식과 절제 등 새사람의 성품에 관해서 이야기합니다. 우리는 덕스러운 성품에 관해 이야기할 때 유교적인 태도나 행동을 떠올리는 경향이 있습니다. 또 지식을 갖추려면 공부해야 하고, 절제하기 위해서는 참고 견뎌야 한다고 생각합니다. 성품을 사회적으로 좋다고 인식하고 사람들이 보편적으로 선호하는 자질로 여겨서, 성품을 기르는 것을 마치 교양 수행처럼 생각합니다. 그래서 새사람의 성품에 관해서도 행동이나 태도가 먼저라고 생각하기 쉽습니다. 말씀을 이런 방식으로만 적용하다 보면, 어느새 말씀이 부담으로 다가와 마음을 힘들게 합니다. 생각이 하염없이 좁아지고 삶이 점점 무거워집니다.

믿음이 담긴 성품의 맛

무엇보다도 성품은 마음과 연관되어 있습니다. 최근 아이들을 대상으로 하는 성품 훈련 프로그램에서는 성품을 '자기의 마음을 깨닫고 닦을 수 있는 훈련'이라고 정의하였습니다. 이는 성품을 어릴 때부터 수행해야 하는 어떤 행동이나 태도처럼 인식한 것입니다. 그런데 좋은 성품을 얻는 법을 교양 수행처럼 생각하면 우리는 마음을 회칠하게 됩니다. 좋은 성품은 옛사람을 회칠한다고 탄생하는 것이 아닙니다. 마음 안에 불신, 음란, 거짓, 독선, 두려움 등이 가득 차 있는데 교양과 수행을 쌓는다고 마음의 근본이 변화되지는 않습니다.

 가족 심리상담의 대가인 버지니아 사티어(Virginia Satir) 박사는 어떤 상황에서 드러나는 행동이나 태도는 빙산의 일각이라고 말했습니다. 바깥으로 드러난 태도, 행동 이면에 무엇이 숨어 있는지 추적해보면, 숨어 있는 감정과 신념이 있다는 것입니다. 그녀는 "평생 한 사람이 몸과 마음을 닦아서 수행하는 것은 깊은 내면 작업이다."라고 말했습니다. 행동과 태도에 더해서, 내면까지 드러내어 닦아야 한다는 것입니다. 물론 내면을 닦는 일은 중요합니다. 그러나 이런 방식만으로는 근본적인 결론에 이를 수 없습니다. 새사람은 스스로 내면을 닦아서가 아니라 성령께서 빛으로 조명해 주셔서 태어나기 때문입니다. 새사람의 성품은 성령의 빛으로 옛사람을 비추어 어둠이 물러가고 성령으로 새롭게 지어져 가는 것입니다.

 사티어의 성품 훈련의 품목들은 다음과 같습니다. 상대방의 말을 잘 들어주는 경청, 어떤 상황에서도 희망적으로 생각하는 긍정적 태도, 불평하지 않고 즐거운 마음을 유지하는 기쁨, 다른 사람의 상황과 마음에 대해서 관찰하고 살펴주는 배려 등이 있습니다. 그 외에도 감사하는 마음, 책임감, 인내, 순종, 절제, 창의성, 정직, 지혜 등 좋은 자질들이 있습니다.

그런데 가장 중요한 것이 빠져 있습니다. 바로 '믿음'입니다. 사티어는 기독교 교육학자임에도 믿음을 성품에 포함시키지 않았습니다. 그리스도교에서 가장 중요한 믿음이 사회적 성품 속에서는 중요하지 않은 것으로 여겨진 것입니다. 그러나 믿음은 마음의 기관을 움직이는 영의 주인을 분명하게 바꾸는 데 가장 중요한 요소입니다. 믿음으로 인해 우리의 영은 성령님을 주인으로 모십니다. 믿음은 "하나님께서 살아 계시다. 그분이 우리의 창조주이시며 아버지이시다. 그분이 우리를 사랑하신다."라는 고백에서 출발합니다. 그 믿음을 통해 선물로 주신 '성령'이 우리 안에 내주하시면서 생명의 능력이 나타납니다. 우리의 생각과 감정, 태도의 변화는 모두 이 믿음에서 기인합니다.

복음적인 성품은 믿음을 통해 나타납니다. 믿음의 선물은 우리에게 생명력을 가져다줍니다. 생명력은 정욕적인 활기나 자아가 지닌 에너지의 상태 같은 것이 아닙니다. 생명력은 내 안에 성령이 계시면서 나타나는 특징입니다. 그 첫 번째 증상이 평화입니다. 평화는 갈등이 없는 상태를 의미하지 않습니다. 성령이 오셔서 주시는 강력한 평강과 안식으로 말미암아 평화가 가능한 것입니다. 그러므로 성품의 가장 중요한 기초와 근원은 '하나님은 살아 계시고 우리를 사랑하시며, 그 사랑을 위해서 어떤 대가를 치르셨는지'에 대한 믿음으로부터 시작됩니다. 그 성품이 하나님의 선물로 온다는 것을 온전히 이해해야 합니다. 또한 복음적인 성품은 옛 사람의 죽음과 연관이 있습니다. 자기부정이나 절제와 같은 성품이 이에 해당합니다. 그러나 옛사람의 죽음은 '내가 죽어야지.' 하며 애써서 자신을 꺾는 일이 아닙니다. 가장 근원 되시는 하나님의 생명이 우리 안에서 일하심으로써 자족한 절제와 연관된 것입니다. 그래서 모든 성품의 가장 기반이 되는 것이 믿음입니다. 믿음으로 우리 안에 평화가 깃들고, 옛사람의 죽음이 일어나며, 높은 의식지수와 사람들을 품는 관용도 생겨납니다.

성품은 생명의 장 안에서 자란다

그렇다면, 믿음 교육을 어떻게 해야 할까요? 예수님을 처음 믿은 사람들에게 믿음 교육을 한다면서 고집과 독선, 자기 확신으로 강요해서는 안 됩니다. 믿음을 교육하려면 '앞서 믿은' 믿음의 사람들이 중요합니다. 영적 어른들과 교사들, 부모님들의 믿음이 저절로 교육의 힘을 발휘합니다. '이것을 해라, 저것을 하지 말아라'고 하는 명령과 금지가 아닌, 하나님의 임재의 장 안에서 성장하는 것이 중요합니다. 이 임재의 장으로 인도하는 사람들이 영적 어른들과 교사입니다. 믿음의 사람들과 관계를 맺고 영적인 환경 가운데서 자랄 때, 자연스럽게 믿음이 성장하게 됩니다.

베드로후서 1장 3절은 "그의 신기한 능력으로 생명과 경건에 속한 모든 것을 우리에게 주셨다"고 말합니다. 우리는 하나님께 속한 모든 생명과 경건한 것을 선물로 받게 되었습니다. 우리 자신이 좋은 성품을 가졌는지보다 더 중요한 것은 하나님의 모든 성품이 선하시다는 것입니다. 하나님과의 관계 속에서 성품이 형성되는 것임을 기억하십시오. 그 관계 속에서 선물로 주시는 성령을 믿음으로 받아 살면 됩니다. 이것을 인정하는 것이 중요합니다. 하나님은 우리 안에 새로운 성품을 만들어 주시고 우리가 능력을 갖추기 원하십니다. 항상 하나님의 그 마음을 기준으로 삼아 돌아가야 합니다. 그렇지 않으면 '믿음과 같은 성품은 세상에서 통하지 않아. 그렇게 하다가는 실패할 거야.' 하면서 금방 무너지고, 사회에서 추구하는 성품에 순응하며 살게 됩니다. 그러나 하나님은 한 번도 우리를 포기한 적이 없으십니다. 우리에게 이미 자녀 된 신분과 권세와 능력을 주셨고, 우리의 갈망은 그 방향을 향해서 제대로 결단해야 합니다.

주님께서 우리에게 말씀하십니다. "나는 믿음에 기반한 모든 생명의 성품을 너희에게 주기를 원한다. 그 존귀함을 위해서 최고의 값을 지불했단다. 나의 십자가를 바라보렴. 그 안에 필요한 모든 것이 이미 있단다." 생명의 선물을 주시기 위해 대가를 지불하신 그분의 사랑에 응답하십시오. 그것이 좋은 성품이요 그 성품을 받을 수 있는 힘입니다. 우리는 하나님의 자녀이므로, 하나님이 선하시다면 우리도 선합니다. 나무의 뿌리가 선하면 접붙임 받은 가지도 선할 것입니다. 하나님께서 이미 선물로 주신 것들을 간절히 갈망하십시오. 아직 발견되지 않고 계발되지 않은 새생명의 귀한 가치와 성품들이 있습니다. 그 성품을 받을 수 있도록 우리의 소원을 두십시오.

모든 신적 성품을 부르는 기초가 바로 믿음입니다. 믿음은 우리에게 반드시 생명의 힘을 줍니다. 우리 안에 성령께서 오시면 먼저 나부터 살게 하십니다. 내 욕심으로 산다는 것이 아니라 하나님의 생명으로 살게 하신다는 뜻입니다. 그리고 다른 사람을 살립니다. 나를 살게 하고 다른 사람도 살려주고, 나를 사랑하고 다른 사람도 사랑합니다. 이것은 자연스러운 원리입니다. 우리 안에 있는 생명이 성품으로 표현되고 가는 곳마다 성령의 생명의 장이 형성됩니다. 우리는 이렇게 성장합니다. "기록된바 첫 사람 아담은 생령이 되었다 함과 같이 마지막 아담은 살려 주는 영이 되었나니"(고전 15:45). 성경에는 하나님의 생명과 연합될 때 일어나는 일에 대한 여러 표현이 있습니다. '접붙임 되어', '연합한', '심긴 바 된' 처럼 말입니다. 씨앗이 뿌려져 '심긴 것은' 자랄 것입니다. 그러니 우리의 성품도 자라게 되어 있습니다. 믿음에서 출발하여 사랑에 이르기까지 복음의 삼덕인 믿음, 소망, 사랑의 세 가지 기둥이 자랍니다. 이 가운데에 소망이 있는 것을 주목하여 보세요. 소망이 있으면 우리는 인내할 수 있고, 인내를 통해 마침내 온전한 사랑에 이르게 됩니다.

하나님께서 삶이라는 교육과정을 통해 우리를 성장시키십니다. 삶에 다가오는 여러 가지 기쁨과 고난을 받으며 인내를 거쳐 사랑이 완성됩니다. 우리의 신분, 권세, 능력, 성품에는 우리를 최고의 존재로 만드신 하나님의 목적과 계획이 있습니다. 그분은 삶을 통해 존재를 다루시는 진정한 장인(匠人)이십니다. 삶의 과정을 통해 그분의 성품들이 나타나게 하시고 우리를 성장시키시기 때문에 그 여정에는 믿음과 순종이 중요합니다. 내가 억지로 환경을 조성하거나 어떤 성격을 상상해서 행하려고 하면 우리도 모르게 속습니다. 하나님의 계획은 참 자연스럽습니다. 그 계획 안에서 성장하다 보니 신의 성품에 참여하게 되는 것입니다. 그 새사람의 성품은 둘째 아담이신 예수 그리스도의 성품과 같으며, 그리스도의 몸된 지체로서의 소명을 감당하기에 적합합니다. 이것을 기억해야 사람이 만든 성품의 모양에 속지 않습니다. 그리고 생명의 성품이 얼마나 흉내 낼 수 없는 위대한 것인지 이해할 수 있습니다. 그러면 우리 자신을 귀하게 여기게 됩니다. 미워하고 싫어하고 두려워지는 환경 가운데 있더라도, 평강이 나를 사로잡고 예수 그리스도의 생명이 내 안에 거하시는 것을 경험하게 됩니다.

십자가의 용광로에서 탄생한 '크티조'

그래서 "오직 심령으로 새롭게 되어"(엡 4:23)라는 말씀은 '내가' 심령을 새롭게 해야 한다는 뜻이 아닙니다. 이것은 적극적으로 준비된 수동의 상태입니다. '너의 마음을 끌어가시는 영의 도움으로(by) 새롭게 되어'라는 뜻입니다. 그분의 성령으로 말미암아, 그분의 영에 의해, 우리는 신의 성품에 참여하게 됩니다. 능동적으로 준비된 수동 상태로 "주님, 저는 무엇이든지 준비되어 있습니다. 당신의 성품에 의해 제게 능력이 나타나고 당신의 계획이 이루어지기를 원합니다."라고 사모하면 됩니다.

그분이 우리 안에 거하셔서 일하실 때는 회개의 찔림이 일어납니다. "너의 그 모습을 보니 참 내 마음이 아프다. 네가 이렇게 되기를 바란다."하고 회개하게 하실 때는 반드시 능력도 함께 주십니다. 하나님이 우리의 옛사람을 뜯어고치신다고 착각하지 마십시오. 그분은 새로운 성품과 능력의 새사람을 통해서 일하십니다. 절대로 하나님은 옛사람을 통해서 일하실 수 없습니다. 우리는 자꾸 착각합니다. 회개에 대해 마음에 들지 않는 옛 모습을 고치고 수선하는 것으로 생각합니다. 그러나 옛사람을 고친다고 새사람이 되지 않습니다. 옛 부대를 수선하는 것이 아니라 새로운 술을 새 부대에 담아야 합니다. 우리에게 필요한 것은 새생명입니다.

그래서 십자가의 죽음은 자기 조절을 의미하지 않습니다. 성질을 죽인다는 뜻도 아닙니다. 자기부정은 하나님의 영에 의해 자기를 다스리게 되었다는 뜻입니다. 하나님은 세상보다, 그 어떤 환경보다 크시기에 새생명이 우리에게 올 때는 '다스리는 능력'이 생깁니다. 그 능력으로 누구를 다스릴까요? 먼저, 자기 자신부터 다스립니다. 우리 내면은 우주보다도 더 크고 광활합니다. 자신을 다스릴 수 있는 사람이 되면서 주체성이 회복됩니다. 하늘의 의와 진리로 새롭게 되어 우리 안에 새로운 창조가 일어납니다.

'크티조(κτίζω)'는 '새로 만들었다'는 뜻입니다. 새사람은 하나님의 영으로 거듭난 것이지, 옛사람이 수선된 것이 아닙니다. 영의 주인이 바뀌어 내 안에 그 생명이 계심으로 말미암아 우리는 오직 하나님께만 영향을 받고 환경의 영향을 받지 않는 사람이 되었습니다. 이제 우리는 노예로 사는 것이 아니라 다스리는 사람이 되었습니다. 우리의 죄된 성품은 환경에 지배당할 때 나타납니다. 하나님보다 환경과 다른 관계 속에서 일어나는 일들을 더 크게 여기기 때문입니다. 그런데 창세기 1장 28절 말씀처럼, 하나님은 우리에게 복을 주실 때 다스리는 능력과 성품을 주십니다. 그것을 믿음으로 받을 때 우리 안에 다스림의 생명력이 발현되게 하십니다. 더 이상 환경에서 생기는 어려움이나 시련 때문에 두려워하지 않습니다. 그 말은 거꾸로, 환경에 지배받지 않고 오직 하늘에만 의존하고 영향을 받는 사람이 되었다는 뜻입니다. 그래서 두려움이 아니라 믿음과 소망과 사랑으로 문제를 해결하면서, 자신과 문제를 다스리고 환경을 다스리는 사람이 됩니다. 나를 사랑하고 사람들을 사랑할 수 있는 사람이 됩니다.

 이처럼 새사람의 성품은 사회적으로나 국가적으로 통용되는 것을 연마하거나 법에 순응해서 얻는 것이 아닙니다. 그것은 새로운 사람의 능력으로 가능합니다. 하나님이 살아 계시고 우리에게 가장 좋은 성품과 능력을 주기를 원하시며, 겸손한 자, 갈망하는 자에게 선물로 주신 것입니다. 그것을 믿는 이에게 나타나는 생명의 능력은 나를 살리고 다른 사람을 살립니다. 그 생명의 능력이 작동할 때 우리는 강력한 평강을 누리고, 성령으로 성품의 열매를 맺게 됩니다.

 그러니 행동을 착하게 교정해서 사람들에게 좋은 평판을 얻는 것이 초점이 아닙니다. 우선, 성령님을 모시고 영혼의 주인이 바뀌는 것을 최우선으로 삼으십시오. 그럴 때 그리스도인의 가장 중요한 성품인 '믿음'으로, 능력과 사랑과 절제로 다스리는 힘이 발현됩니다. 이것이야말로 세상의 선한 덕목들과 차별화되고 초월하는 그리스도인의 성품으로, 자신과 환경, 문제를 다스리면서 나를 사랑하고 사람들을 사랑할 수 있는 원천입니다. 하나님이 살아 계심을 진심으로 믿을 때 평강이 우리를 사로잡기 때문입니다. 그 예수님의 생명이 우리 안에 거하시며 우리를 아름다운 신의 성품에 참여하게 하시고, 그럴 수 있는 능력 또한 선물로 주십니다.

그러니 새사람의 성품이 우리로부터 시작되지 않았다는 점을 기억하십시오. 그 성품은 하나님과의 연합 관계 안에서 주어집니다. 십자가를 통과하면서, 생명이신 예수 그리스도에 붙어 있기에 나타나는 새로운 성품입니다. 첫째도 겸손, 둘째도 겸손, 셋째도 겸손을 외쳤던 성 어거스틴(Aurelius Augustinus)은 자신의 교만을 깊이 회개하고 하나님의 성품을 사모하는 가운데 겸손한 성품을 지니게 되었습니다. 본디 분노와 자존심으로 가득 찬 이가 십자가의 용광로를 통과하면 깊은 회개와 함께 온유한 성품을 선물로 받기도 합니다. 즉, 십자가의 용광로를 통과한 성품은 반드시 타고난 기질에 가진 죄성에 대한 깊은 이해와 함께 위로부터 온 신분에 맞는 선물입니다. 새사람의 성품과 능력은 예수 그리스도 안에서 새롭게 태어난 사람, 하늘의 무한 자원인 신적 성품을 사모하는 이들이 십자가를 통과하면서 누리는 생명의 능력입니다. 이 성품은 '상태'가 아니라 '복음 사건'입니다. 하나님께서 이 십자가 사건을 주심으로 말미암아 우리는 새로운 성품을 누리게 되었습니다.

나의 모든 것을 가장 좋은 것으로 바꾸시는 주님, 주님을 신뢰합니다. 모든 상황 속에서 십자가를 통과하며 나아갈 때, 당신께서 허락하신 가장 고귀한 성품이 우리 가운데 깊이 새겨지게 하옵소서. 성령이 주시는 새사람의 성품이 열매를 맺게 하옵소서.

모든 성품의 기초는
믿음!

★ 어웨이크닝 포인트

새사람의 성품은
유교적 태도나 행동,
교양 수행이 아니다.

숨어 있는 감정과 신념,
마음의 근본이 변화되지 않는 한
스스로 내면을 수행하는
행위만으로는
좋은 성품을 얻을 수 없다.

십자가를 통과하면서
생명이신
예수 그리스도에 붙어 있기에
나타나는 새로운 성품이다.

믿음은 영의 주인을 바꾸는
가장 중요한 요소이다.

믿음을 통해 선물로 주신 성령께서
우리 안에 내주하시면서 나타나는
생명의 능력이
새사람의 복음적 성품이다.

★ 하나님은 삶을 통해 존재를 다루시는 진정한 장인(匠人)!

인생의 여정 가운데, 믿음으로 순종하세요.

하나님의 계획 안에서
삶이라는 교육 과정 속에서
기쁨과 고난을 받아내며 믿음으로 순종할 때

우리의 마음을 이끌어 가시는 성령으로 말미암아
우리는 신의 성품에 참여하게 됩니다.

★ 십자가의 용광로를 지나

영혼의 주인이 성령님으로 바뀌는 것을 최우선으로 삼으세요.

하나님의 살아 계심을 진실로 믿을 때,
우리 안의 예수님의 생명이 거하시고,
그리스도인의 가장 중요한 성품인 '믿음'으로
능력과 사랑과 절제로 다스리는 힘이 발현됩니다.

하나님의 임재의 장 안에 스스로를 두세요.
믿음의 사람들과 관계를 맺고 영적인 환경에서 자랄 때 믿음이 성장하고
우리 안에 있는 생명이 성품으로 표현됩니다.

성품은 상태가 아니라 복음 사건입니다.
하나님께서 십자가 사건을 주심으로
우리는 새로운 성품을 누리게 되었습니다.

★ 나의 어웨이크닝 포인트

*본문의 내용 중 새기고 싶은 문장이나, 읽으면서 깨달은 것을 적어 봅니다.

그러므로 너희는 이렇게 기도하라 하늘에 계신 우리 아버지여 이름이 거룩히 여김을 받으시오며

▌마태복음 6장 9절

15. 하나님의 표현

신의 이름이
우리를 통해 표현될 때,
세상은 하나님을 보게 될 것입니다.

하나님은 우리를 통해 당신을 표현하고 싶어 하십니다. 우리는 "우리가 하나님의 일을 하자."라고 말합니다. 물론 그런 적극적인 의지와 결의, 헌신 또한 분명히 있어야 합니다. 그러나 더 정확하게 말하면, '하나님께서 일하시도록' 우리가 돕는 것입니다. 하나님이 우리를 통해 일하시도록 우리를 내어드릴 때, 하나님이 일하십니다. 우리는 고된 노고와 목표 수행이 아니라 새사람이라는 존재를 통해 일하시는 신의 표현입니다.

우리가 하나님의 표현이라고?

다시 말하지만, 우리의 삶과 일은 하나님의 표현 방식입니다. 그분이 당신을 표현하시기 위해서 우리를 선택하셨습니다. 영원한 생명이신 그분은 우리 각 사람의 '안'(內)을 거처로 삼으시면서 우리를 완성하십니다. 그래서 우리 각자에게는 역할이 있고 은사가 있습니다. 위대한 하나님의 신성이 사람 안에 거하게 되었습니다. '하나님과 우리와 함께 계시다는 것을 어떻게 알 수 있을까?' 많은 사람이 그 흔적을 더듬었습니다. 자연을 통해 하나님을 인식했던 사람들도 있었습니다. 신비주의 같은 초월적 경험을 통해 민감하게 느낀 사람들도 있었습니다. 그러나 그것들은 예수 그리스도를 통해 하나님의 생명과 하나 되는 길과는 거리가 있었습니다. 그것은 영원 전부터 은폐되었으나 하나님께서 십자가를 통해 우리에게 드러내시고 계시하셨습니다. 골로새서 1장 26~27절 말씀처럼, 그분은 당신을 십자가의 비밀을 알고 있는 사람들을 통해서 알리기로 작정하셨습니다.

사람이 하나님의 생명과 완전히 동일하지는 않습니다. 하나님의 생명은 완전하지만, 우리는 피조물이기 때문에 하나님께서는 그 비밀을 그리스도 안에 두셨습니다. 그곳은 안전합니다. 그것이 우리가 가지고 있는 복음의 비밀입니다. 예수 그리스도는 안전하십니다. 우리는 항상 그분께 돌아가 그리스도 안에 숨겨진 십자가와 부활의 비밀을 신뢰하고, 그분이 우리 안에서 편안하게 거하시도록 매일매일 호흡처럼 기도해야 합니다. 그 길이 우리의 타고난 성정과 다르고 온 세상이 살아가는 방식과 다르기에 은혜를 입은 십자가의 용광로가 필요합니다. 하나님의 표현은 늘 십자가를 통과할 때 드러납니다.

성령님이 우리 안에 오셔서 말씀하시는 것을 잘 들을 수 있도록 귀가 십자가에서 할례받아야 합니다. 하나님이 우리에게 약속하신 것들을 볼 수 있는 눈이 십자가에서 할례받아야 합니다. 자기 말이 아니라 하나님의 비밀을 담대하게 말할 수 있도록 입술이 십자가에서 할례받아야 합니다. 십자가에서 할례받은 우리는 비로소 새생명으로 거듭난 영혼과 몸을 가진 새사람을 표현하게 됩니다.

하나님의 이름들

그분은 새사람 된 자녀들을 통해 다양한 당신을 표현하십니다. 아브라함이 모리아 산을 올라 믿음으로 이삭을 바칠 때, 우리의 상상을 뛰어넘어 '예비하시는 하나님-여호와 이레(יְהוָה יִרְאֶה)'을 알게 됩니다. 야곱이 세겜에서 땅을 사고 제단을 쌓은 후에 부른 하나님의 이름은 '엘 엘로헤(אֵל אֱלֹהֵי, 창 33:20)'였는데, '하나님(אֵל)'은 '이스라엘의 하나님(אֱלֹהֵי יִשְׂרָאֵל)' 이라는 뜻으로 택한 자를 끝까지 돌보시는 하나님의 신실하심을 알게 합니다. 또 야곱이 밧단 아람에서 돌아온 후 벧엘에서 단을 세우고 부른 '엘 벧엘(אֵל בֵּית-אֵל, 창 35:7)'은 집에서 도망 나와 벧엘에서 돌베개를 베고 누웠을 때부터 외삼촌 라반의 집에서 고되고 긴 타향살이 끝에 고향으로 돌아오는 때까지 어디에서나 함께 하셨던 하나님을 표현한 것이었습니다. 또한 모세가 손을 들고 기도할 때, 여호수아가 믿음으로 전장에 나가 싸울 때, 하나님이 우리와 함께 싸우시며 '승리케 하시는 하나님-여호와 닛시(יְהוָה-נִסִּי)'이라는 것을 알게 됩니다. 이렇듯 주님을 신뢰하고, 사랑함으로, 또 강력하게 침노함으로 어떤 이는 '하나님의 치유-여호와 라파(יְהוָה רָפָא)'를 표현하고, 어떤 이는 '하나님의 평화-여호와 샬롬(יְהוָה שָׁלוֹם)'

을 표현하고, 어떤 이는 '전능하신 하나님-엘샤다이'를 표현합니다. 우리는 하나님의 표현입니다.

'엘로힘(אֱלֹהִים)'은 전능하신 하나님, 창조주 하나님을 나타냅니다(창 1:1). 우리가 하나님을 천지를 지으신 창조주로 믿고 고백하면서 그분의 영광을 나타낼 때, 엘로힘 하나님을 표현하는 것입니다. 또한 우리가 많은 다양한 신들과 전혀 다른 유일하신 신으로 고백하고 전할 때 엘로힘 하나님이 우리를 통해 표현됩니다.

'엘 엘리온(אֵל עֶלְיוֹן)'은 천지를 주관하시는 지극히 높으신 하나님을 나타냅니다. 창세기 14장 19~20절을 보면 아브람이 조카 롯을 구하려고 나선 원정에서 적의 연합군을 물리치고 대승을 합니다. 그때 멜기세덱이 나타나 아브람에게 축복하면서 "천지의 주재이시요 지극히 높으신 하나님이여 아브람에게 복을 주옵소서 너희 대적을 네 손에 붙이신 지극히 높으신 하나님을 찬송할지로다"라고 말합니다. 전쟁과도 같은 삶에서 승리하게 되었을 때, 내가 능력이 좋아서 승리한 것이 아니라 그 모든 배후에 천지의 주재이신 하나님의 도우심이 있었다는 사실을 깨닫고 고백할 때, 엘 엘리온 하나님이 표현됩니다. 아멘! 우리가 숨 쉬고, 살아 움직일 수 있는 것, 인생의 무수한 위기와 고난 가운데서도 감사하며 살 수 있는 것, 이 모든 것이 하나님의 도우심과 인도하심 덕분입니다. 그 은혜를 잊어버리지 않도록 십의 일조를 통해 감사를 표현했던 아브람을 통해 천지의 주재 엘 엘리온의 하나님이 표현됩니다.

'엘 로이(אֵל רֳאִי)'는 고통 중에 부르짖는 우리를 항상 살피시고 살게 하시는 하나님을 나타냅니다. 창세기 16장 1~16절을 보면 아브람이 가나안 땅에 거주한 지 십 년이 지나 아브람은 85세가 되었고, 사래는 75세가 되었습니다. 자식에 대한 하나님의 약속이 이루어질 가능성이 점점 희박해지자, 사래는 하나님의 약속을 자신의 인간적인 방식으로 이루려고 아브람에게 여종 하갈과 동침하게 하고, 하갈이 임신하면서 가정에 불화가 생깁니다. 하갈은 사래를 멸시하고, 사래는 하갈을 학대합니다. 결국 학대를 견디다 못한 하갈이 아브람의 집에서 도망합니다. 임신한 몸으로 홀로 광야 길에 나서서 울부짖는 하갈에게 하나님은 잘잘못을 따지지 않으시고, 형편을 물으시고 고통스러운 눈물을 닦아주십니다. 그리고 하나님께서는 분명하게 길을 알려주십니다. 하나는 "아브람의 집으로 돌아가라. 여주인 사래의 수하에 복종하라."는 순종해야 할 명령이었고, 다른 하나는 순종의 결과로 얻게 될 축복, 아들 이스마엘이었습니다.

이때 하갈이 광야에서 하나님의 사자를 만나 위로를 받고 또한 약속의 말씀을 듣고 고백한 하나님이 바로 '엘 로이', '나를 살피시는 하나님'입니다. '엘'은 '하나님'이요, '로이'는 '보다'라는 의미입니다. 아무도 없는 광야에까지 찾아와주셔서 고된 형편을 물으시고 해야 할 일을 가르쳐주시며, 복을 주시는 그 하나님이 바로 엘 로이의 하나님이십니다.

엘 로이의 하나님은 우리의 모든 생각과 형편을 아시는 하나님, 버려져 있는 나를 찾아오시는 하나님, 위로하시고 가야 할 길도 알려주시는 하나님이십니다. 그분을 만남으로 우리의 삶에 소망이 생겼고, 우리의 삶은 이전의 갈등과 상처와 절망의 삶이 아니라 평화와 위로와 소망의 삶으로 변화되었습니다. 세상은 자신의 삶에서 일어나는 부당함을 분노와 불평, 원망으로 해결하려 하지만, 우리가 엘 로이의 하나님을 증거할 때 고통 가운데 있는 이들이 믿음으로 새로운 삶의 전환을 맞게 될 것입니다.

'엘 샤다이(אֵל שַׁדַּי)'는 믿음으로 완전케 하여 약속을 이루시는 전능하신 하나님을 나타냅니다(창 17:1~8). 99세의 노인 아브람에게 나타나신 하나님은 자신을 '전능한 하나님' 즉, '엘 샤다이'라 하시며 당신 앞에서 행하여 완전할 것을 명하셨습니다. 이미 아브람은 86세에 하갈에게서 이스마엘을 낳아 안정적인 삶을 살고 있었습니다. 사실 하나님은 사래에게서 낳을 언약의 아들을 약속하셨지만, 아브람은 더 바랄 것이 없었는지도 모릅니다.

벌써 그는 이스마엘을 낳고 13년이 지나 그의 나이 99세에 이르렀는데, 엘 샤다이 하나님이 불쑥 나타나셔서 "하나님 앞에서 행하여 완전하라"고 하시는 것입니다.

우리의 완전과 기적은 하나님 나라의 언약과 연관되어 있습니다. 세상은 율법적 완전이나 자신의 성취를 완전이라고 할지 모릅니다. 그러나 하나님의 완전은 불가능해 보이는 언약일지라도 그것이 하나님의 말씀이라면 '믿고' 순종하여 이루는 것입니다. 하나님은 "하늘을 우러러 뭇별을 셀수 있나 보라 네 자손이 이와 같으리라"(창 15:5)고 하셨고, 아브람이 이약속의 여호와를 믿으니 여호와께서도 이를 그의 '의'로 여기셨다고 했습니다(창 15:6).

아브람은 부와 정치적 힘과 안정된 기반, 이스마엘의 탄생으로 별 문제 없이 평탄하게 흐르는 자신의 삶이 '완전하다'고 여겼지만, 하나님은 그렇게 여기지 않으셨습니다. 하나님께서는 아브람을 통해 땅의 모든 족속이 그로 말미암아 복을 얻을 것이라고 언약하셨고, 그 언약을 이루도록 전능과 기적을 베푸셔서 완전케 하시는 하나님을 나타내신 것입니다. 그리고 이름까지 '아브라함'으로 개명하게 하셨습니다. "보라 내 언약이 너와 함께 있으니 너는 여러 민족의 아버지가 될지라 이제 후로는 네 이름을 아브람이라 하지 아니하고 아브라함이라 하리니 이는 내가 너를 여러 민족의 아버지가 되게 함이니라"(창 17:4~5).

엘 샤다이, 곧 전능한 하나님은 약속을 능히 이루시는 하나님이십니다. 아브람과 사래는 의학적으로 아이를 생산할 수 없는 나이였지만 하나님의 약속은 능히 성취되고도 남는다는 것을 아브라함은 믿어야 했고 그 믿음이 표현됨으로 말미암아 하나님의 신성이 더욱 완전하게 드러나게 되었습니다. 우리가 어려울수록 더욱 굳게 언약을 믿고 나아갈 때 엘 샤다이의 하나님은 영광 받으시고 우리를 통해 하나님의 전능이 표현됩니다.

그 이름이 내 삶에

그 외에도 '여호와 이레(יְהוָה יִרְאֶה, 창 22:1~19)'는 믿는 자녀의 모든 형편을 미리 아시고 준비하시는 하나님을 나타냅니다. 치료하시는 '여호와 라파(יְהוָה רֹפְאֶ, 출 15:26)', 나의 주인이신 '아도나이(אֲדֹנָי, 창 15:2)', 승리의 깃발이신 '여호와 닛시(יְהוָה נִסִּי, 출 17:15)', 성화시키고 거룩하게 하시는 '여호와 메카디쉬켐(יְהוָה מְקַדִּשְׁכֶם, 출 31:12~18)', 평강의 하나님을 나타내는 '여호와 샬롬(יְהוָה שָׁלוֹם, 삿 6:22~24)', 만군의 주 '여호와 체바오트(יְהוָה צְבָאוֹת,

삼상 1:1~3)' 등 다양한 하나님의 이름들은 다양한 우리의 신앙고백과 삶을 통해 표현되고 드러납니다.

이 모든 하나님의 이름이 드러나기 위해 중요한 것이 있습니다. 하나님이 우리를 통해서 표현되도록 하는 '믿음'입니다. 그 믿음은 하나님이 살아 계시다는 것과 그분이 우리를 통해서 그 사랑을 표현하고 싶어 하신다는 것, 단 한 사람이라도 주님의 생명을 얻기 원하시는 그분의 마음과 함께하는 것입니다. 그리고 이 믿음을 방해하는 여러 가지 유혹과 환란이 있을 때, 끝까지 인내하는 마음의 소망이 있어야 합니다. 믿음만 가지고 있으면 자기 과시나 자기 확신으로 끝날 수 있습니다. 그런데 '때'를 하나님이 주관하고 계심으로 말미암아 우리를 인내하게 하시면서 덕이 생깁니다. 그 과정이 계속 익어가는 동안 하나님의 '사랑'이 우리 안에 거하시면서 표현됩니다.

우리가 이 세상에 창조된 목적은 하나님께서 거하실 거처가 되기 위해서입니다. 그분의 진리가 우리를 통해 증거되기 위해서, 우리의 생각과 마음의 집이 생겼습니다. 그분의 사랑과 온유, 모든 성령의 좋은 열매들이 우리를 통해 표현되기 위해서 감정이 있습니다. 우리가 행동하지 않으면 아무것도 알 수 없습니다. 혼자 마음속으로 느끼고 생각한다고 해서 사람들이 알 수는 없습니다. 그러므로 우리는 몸으로 행동하여 그분을 표현해야 합니다. 우리가 그리스도의 전체를 표현할 수는 없을지라도, 그리스도의 몸된 지체로서 주어진 소명에 따라 표현할 수 있습니다.

 우리는 기도합니다.

 사랑의 주님, 예수 생명이 우리 안에 내주하실 때, 그분의 특성이 우리 안의 신적 성품으로 드러난다고 말씀하여 주시니 감사합니다. 나의 재능과 능력만 아니라 우리의 삶에 넘치는 감사, 믿음, 순종의 행위가 세상을 향해 아버지의 이름을 드러낸다는 사실을 기억하게 하옵소서.

세상이 하나님을 보는 방식

★ 어웨이크닝 포인트

<u>하나님께서 일하시도록</u>
<u>'우리를 내어드릴 때'</u>
<u>다양한 신성이</u>
<u>'우리를 통해' 표현된다.</u>

영원한 생명이신 그분이
우리 각 사람의 '안(內)'을 거처로
삼으시면서
위대한 하나님의 영이
사람의 안에 거하게 되었다.

그분은 예수 그리스도를 통해
하나님과 하나가 되는 길을,
십자가의 비밀을 알고 있는
사람들을 통해 당신을
알리기로 작정하셨고
당신을 표현하시기 위해서
태초부터 우리를 선택하셨다.

우리는 하나님의 표현이다.
우리의 삶과 일은
하나님의 표현 방식이다.

★ 십자가를 통한 믿음-소망-사랑으로만

성령님이 우리 안에 오셔서 영혼의 귀와
하나님이 우리에게 약속하신 것들을 볼 수 있는 눈,
자기 말이 아닌 하나님의 비밀을 담대하게 말할 수 있는 입을
열어주실 수 있도록 십자가에서 할례받아야 합니다.

<u>십자가에서 할례받은 우리</u>는 비로소 <u>새생명으로 거듭난</u>
영혼과 몸을 가진 새사람답게 살고
하나님을 표현하게 됩니다.

중요한 것은 하나님이 우리를 통해서 표현되도록 하는 <u>'믿음'입니다.</u>
믿음을 방해하는 유혹과 환란이 있을 때 끝까지 인내하는 마음의 <u>소망이 있어야</u>

합니다.
믿음만 가지고 있으면 자기 과시로 흘러가거나 자기 확신으로 끝날 수 있습니다.

때를 주관하시는 하나님을 신뢰하며
익어 가는 과정 속에서 우리 안에 덕이 생기며
하나님의 <u>사랑은</u> 우리 안에 거하시면서 표현됩니다.

★ 다양한 하나님의 이름들

우리의 삶의 여정 속에서 만나주시는
다양한 하나님의 이름들을 고백하고 증거합시다.

* 엘 엘로헤 이스라엘: 하나님은 이스라엘의 하나님
* 엘 벧엘: 어디서나 함께 하셨던 하나님
* 엘 샤다이: 전능한 하나님은 약속을 능히 이루시는 하나님
* 엘로힘: 유일하고 참된 하나님
* 엘 엘리온: 천지를 주관하시는 지극히 높으신 하나님
* 엘 로이: 고통 중에 부르짖는 우리를 항상 살피시고 살게 하시는 하나님
* 여호와 이레: 믿는 자녀의 모든 형편을 미리 아시고 예비하시는 하나님
* 여호와 라파: 치료하시는 주
* 여호와 닛시: 승리케 하시는 하나님, 승리의 깃발
* 여호와 샬롬: 하나님의 평화
* 여호와 메카디쉬켐: 성화시키고 거룩하게 하시는 하나님
* 여호와 체바오트: 만군의 주
* 아도나이: 나의 주인

> **믿음은 표현됨으로 말미암아**
> **하나님의 신성이 더욱 완전하게 드러납니다.**

★ 매일매일 호흡처럼

그분이 우리 안에 편하게 거하시도록
매일매일 호흡처럼 기도해야 합니다.

★ 몸으로 행동하여 구체적인 삶에 심어야

우리가 행동하지 않으면
사람들은 아무것도 알 수 없습니다.

우리가 그리스도의 전체를
표현할 수는 없지만
그리스도의 몸 된 지체로서

우리에게 주어진 역할과 은사와 소명을 따라
표현할 수 있습니다.

몸으로 행동하여 그분을 표현합시다.

우리를 통해 하나님이 표현될 때
세상은 하나님을 보게 될 것입니다.

*본문의 내용 중 새기고 싶은 문장이나, 읽으면서 깨달은 것을 적어 봅니다.

_____

_____

_____

_____

_____

BOR
NAG
A I N

Chapter 6 | 새사람의 꿈

16. 비전과 자원

나는 내 영혼의 주인이신
그분의 자원으로 산다.

우리는 비전을 내가 어떤 것을 계획하고 어떤 방향을 향해서 나아가는 것이라고 생각하는 경향이 많습니다. 그러나 비전은 '도래하는 것'입니다. 비전이 미래로부터 달려오는 것을 보는 것이며, 다가올 미래가 현재화되도록 응답하는 것입니다. 이 말이 낯설게 다가오시나요? 스스로 미래를 향해 달려가는 '애씀'이 아니라, 현재 속에서 미래가 우리의 시간을 열어 젖히며 '요청'하는 것이 비전입니다. 그러니 하나님 앞에 비전에 대해 기도할 때 기준을 나에게 자꾸 두지 말고, 하나님 앞에 우리 자신을 열어 하나님이 말씀하시는 바를 잘 듣고 계획하십시오! 반드시 이루실 언약을 믿고 꿈꾸십시오. 비전의 시간은 하나님 안에서 '완료된 시간'이기 때문입니다.

'완료된 잠재성'의 시간 안에서

하나님의 완료된 시간 안에서 현재는 미래의 잠재성으로 열려 있습니다. 그 무한한 잠재성은 우리를 창조하신 그분이 태초부터 예정하신 것입니다. 그래서 창조주 하나님께서 우리에게 약속하신 일은 풍요한 자원을 믿음으로 꺼내서 쓰기만 하면 됩니다. 우리에게 무엇이든 주고 싶어 하시는 그분의 거울 앞에 서 보십시오. 그 거울을 통해서 보는 '새로운 나', '생명의 나'는 참 괜찮은 사람입니다. 상상할 수조차 없을 정도로 말이지요.

그 새사람은 신의 상상력과 계획 속에서 태어났기 때문입니다. 태초부터 예비하신 완벽한 그분의 계획 안에서 우리는 무한한 생명의 잠재성과 부요함을 가지고 있습니다. 그래서 우리는 '무한한 공급원을 가진 자'입니다. 우리에게 맡겨진 하나님의 일을 하는 데 있어서 절대로 부족한 것은 없습니다. 그 자원의 공급원이 내가 아니라 하나님이시기 때문입니다. 하나님께서는 우리를 통로로 사용하셔서 힘들고 고통받는 사람들을 구령할 풍요한 자원을 부어주십니다. 자산이나 월급 정도의 이야기가 아닙니다. 가난과 결핍 의식, 한계 의식들은 우리가 믿음과 생명으로 사는 것을 방해합니다. 이는 생명의 새사람이 생각하는 방식이 아님을 즉각 알아차리십시오. 하나님의 생명의 역사 속에서 해야 할 일이라면 반드시, 어떤 경로를 통해서든 이미 우리 안에 이미 있음을 꼭 믿으십시오.

다윗을 예로 들어 봅시다. 하나님은 다윗을 왕으로 삼겠다고 비전을 보여주셨고 사무엘 대(大) 선지자가 기름을 부어주었습니다. 그런데 양치기였던 다윗은 왕국에 들어가기 합당한 기준에 전혀 어울리지 않았습니다. 매일 들판에서 물맷돌을 던지고, 수금을 타며 놀고, 사자와 함께 뒹굴고 있는 소년을 보고 누가 왕의 면모를 가졌다고 보았겠습니까? 다윗 또한 스스로를 한 민족의 왕으로 여기기에는 어색했습니다. 그러나 다윗이 왕이 되기 전에 행했던 그 모든 사건으로 인해 비전은 이루어졌습니다. 물맷돌을 던지던 일은 골리앗과의 싸움과 하나님의 전쟁을 하는 중요한 원리가 되고, 하나님의 언약과 일치했던 모든 발걸음은 이 땅에 하나님의 의로움을 나타나는 증거가 되었습니다. 이스라엘을 향한 하나님의 통일 왕국의 비전 안에서 다윗은 하나님과 점점 일치하는 왕이 되어간 것입니다.

다윗이 들판에서 매일 왕이 되게 해달라고 자기 욕망으로 꿈꾼 것이 아니라, 타자(他者)가 와서 다윗에게 기름을 부었고, 다윗은 그것을 받아들였습니다. 이것을 내 고정관념이나 생각, 경험이 가로막으면 안 됩니다. 다윗은 하나님과의 관계 속에서 점점 왕으로 준비되어졌습니다. 그의 소원과 하나님의 소원도 구체적인 정황 속에서 점점 하나가 되어갔습니다. 다윗이 '내가 명색이 기름부음받은 왕인데.'라고 으스대기만 했다면 매일 아버지의 양들을 먹이기 위해 들판에 나가지 못했을 것입니다. 아버지와 형들과 싸우기 일쑤였겠지요. 하지만 다윗은 가장 적합한 때에 가장 적합한 방식으로 일하시는 주님을 신뢰하며 주어진 상황에서 묵묵히 순종했습니다. 순종은 절대로 유약한 자들이 하는 굴종이나 타협이 아닙니다! 하나님께서 보여주셨으니 이루실 것이고, 이루실 것이라고 믿으니 최선을 다해 행하는 깊은 의탁의 믿음입니다! 다윗은 자신의 고정관념이나 어릴 적 상처를 비전을 이루는 동기로 삼지 않았습니다. 하나님은 이 '믿음'을 의로 여기시고, 모든 상황을 선용하여 다윗을 준비시키셨습니다. 우리를 향한 하나님의 계획을 믿고 신뢰하시나요? 그렇다면 주님께서 친히 우리를 준비시키실 것입니다.

하나님은 우리에게 비전을 보여주실 때 항상 새사람의 비전을 품은 우리 자신에 대해서 알려주십니다. 하나님의 비전은 새사람이 사는 방식이며, 그분의 영이 내주한 새사람들의 군대 그 자체입니다. 하나님께서는 우리에게 오셔서 우리가 얼마나 고귀한 존재인지 알려주십니다. 그리고 우리와 동행하시며 구체적으로 비전을 이루기 원하십니다. "너는 소중하단다. 너의 옛사람은 한 번도 꿈꾸지 못했고, 알 수도 볼 수도 없었던 이상이 너에게 있다. 너는 특별하단다. 복되고 번영할 것이란다. 너는 너그럽고 나누어 주는 고귀한 사람이란다. 다른 사람을 곁눈질하며 시기하거나 열등감에 시달리지 말렴. 너는 비전을 위해 다른 사람과 같은 사람이 될 필요가 전혀 없는, 독특하고 유일한 존재란다. 네가 없으면 나의 조각이 완성되지 않는단다. 두려워하지 마라. 의심하지 마라!" 많은 걸음을 디디려고 노력할 필요가 없습니다. 우리의 한 걸음 안에 예수 그리스도의 말씀과 동행이 있다면, 그것은 '전체를 담은 한 걸음'입니다. 그 걸음을 디딜 때 더 이상 비전 앞에서 의심하지 않습니다. 초조하지도 두렵지도 않습니다. 이기적인 갈망으로 목마르지도 않습니다. 생명이 성령의 감동을 타고 우리에게 말씀하시기 때문입니다.

상상계를 정화하라

하나님의 생명으로 난 새사람을 기억하십시오. 비전을 이루기에 앞서 먼저 상상계를 정화해야 합니다. 그 새사람이 이루어 갈 일들을 거룩한 상상력으로 바라보십시오. 새사람은 어떠한 환경에도 꺾이지 않습니다. 하나님께서 이미 이루어 놓으신 일을 믿기 때문입니다. 새사람은 쉽게 좌절하지 않습니다. 유한한 자기 자신의 자원으로 살지 않기 때문입니다. 새사람은 쉽게 화를 내지 않습니다. 화를 내며 주장하지 않아도 그 이상의 많은 것들을 하나님께서 이루신다는 것을 알기 때문입니다. 새사람의 분노는 어둠의 영들과 연관된 것뿐입니다. 새사람은 사랑으로 충만하며, 다른 사람이 잘 되기를 원합니다. 갈급한 사람의 필요를 채워줍니다. 나아가 그 사람에게 가장 복된 삶을 전하고 복된 길로 가도록 도전합니다. 그럴 때 새사람은 다른 사람을 살립니다. 다른 사람 안에 숨어 있는 새사람 또한 알아볼 능력도 생깁니다. 하나님 나라와 의 안에 있는 세계를 꿈꾸고, 창세기 1장에서 하나님의 형상으로 창조된 그 완전한 사람이 그 사람 안에 숨어 있음을 압니다. 새사람은 하나님께서 이미 이루신 일을 사랑의 기도 가운데 듣습니다. 그분 품에서 안식하면서 대화하는 가운데 하나님 나라의 일을 행합니다.

하나님께서는 우리의 죄와 죄의 결과에 대해 이미 대가를 치르셨고 우리를 새롭게 하십니다. 하나님의 새사람이 만들어 갈 놀라운 세계에 대해 눈을 들어 꿈을 꾸십시오. 그것을 알려달라고 하나님께 간절히 기도하십시오. 그리고 믿으십시오. 하나님께서는 우리가 부족함에도 불구하고 우리를 끝까지 사랑하시고, 당신의 거룩한 처소로 삼기를 원하십니다. 하나님께서 우리와 의논하고 대화하기를 원하시고 항상 좋은 것을 주시기 원하신다는 것을 꼭 기억하십시오. 주님은 우리의 새사람이 꿈꾸는 새로운 세계의 모든 필요를 채워주십니다. 우리의 상처를 치유하시고, 모든 문제를 해결하십니다. 하나님께서 우리를 새사람으로 부르신 그 설계도는 우리가 생각하는 모든 한계로부터 자유롭습니다.

하늘 보화를 삶에 심으라

마태복음 6장 33절은 비전을 이루는 자원에 대해 명확히 말씀합니다. "그런즉 너희는 먼저 그의 나라와 그의 의를 구하라 그리하면 이 모든 것을 너희에게 더하시리라." 그런데 '하나님 나라와 그의 의를 구하는 것'을 애써서 이루어야 할 노동 정도로 생각하면 억울하고 힘든 생각이 듭니다.

그러나 하나님 나라와 의는 새사람의 기업에 관한 것이며, 하늘나라의 보물창고에 들어있는 무한 자원의 잠재성입니다.

 그래서 하나님 나라와 그의 의를 구하는 것은 하늘의 보물을 우리 삶에 심는 일입니다. 30배, 60배, 100배의 열매를 맺게 될, 하나님 나라의 꿈을 이룰 수 있는 놀라운 하늘의 자원입니다. 하늘 보화에는 생명력이 있어서, 심기만 하면 자연스럽게 열매를 맺습니다. 그 안에 우리가 진정으로 바라던 모든 것이 있습니다. 주님께서는 그 보물을 우리에게 무상으로 주셔서 이 세계의 새로운 창조와 구원을 위해 쓰기 원하십니다. 하나님께서 약속하신 보물을 구하고, 찾고, 두드리십시오. 우리는 다만 정직하게 하나님께 나가고 매일 부어 주시는 그분의 마음과 일치하면 됩니다. 성령께서 계시하시는 아름답고 새로운 세계, 이미 창조되었고 우리를 통해 이루어질 그 세계를 위해 일치하여 기도하십시오.

> 너희가 내 안에 있고 내 말이 너희 안에 거하면 무엇이든지
> 원하는 대로 구하라 그리하면 이루리라 (요 15:7)

 이 말씀을 기억하십시오. 그분은 우리 안에 거하셔서 아름답고 놀라운 비전을 이루어 가실 때, 우리 안에 있는 소원을 동력 삼아서 이끌어 가시

며, 그것을 실상의 나라의 방식으로 변화시켜 주십니다. 비전이 이루어지는 과정에서 우리는 실상의 세계의 방식을 배우게 될 것입니다. 고군분투하여 홀로 이루어내는 하나님 나라의 일은 없습니다. 하나님 나라는 항상 서로를 믿고 사랑하면서, 성령께서 운행하시는 네트워크로 일하는 곳입니다. 또 하나님 나라의 방식은 우리의 생각을 초월하여 있는 모든 것입니다. 그러므로 그분의 뜻을 보고 들을 때, 먼저 그분의 약속을 믿고 무한 자원을 주님께서 예비하셨으며 사용하기 원하신다는 사실을 꼭 믿으십시오.

그러니 스스로 한계를 미리 재단하지 말고 성령 안에서 자유하십시오. 우리가 새라면 날 것입니다. 고래라면 바다를 누빌 것입니다. 중요한 것은 하나님께서 우리를 그렇게 창조하시고 계획하셨느냐는 것입니다. 하나님의 생명의 소원 안에는 힘이 있습니다. 우리의 소원을 그분의 뜻대로 넓히십시오. 소원을 마음에 담아 기도하고 상상하고, 생각하고 계획하십시오. 마음의 집의 공기가 달라질 것입니다. 감히 어둠의 영이 함부로 차지하지 못할 것입니다. 하나님 안에 있는 새사람의 소원은 하나님께서 전적으로 책임지십니다. 경이롭고 세상을 이롭게 하는 이 소원이 우리 삶을 이끌어가기를 축복합니다.

주님, 우리의 꿈과 비전이 우리로부터 시작되지 않음을 깨닫습니다. 그 꿈을 이루는 것도 전적으로 주님의 주권에 달려 있으며 우리는 응답하며 참여합니다. 믿음으로 심기만 하면 자연스럽게 열매 맺는 보화를 구체적인 삶에서 경험하겠습니다. 이 꿈을 위해 우리가 창조되었음을 알게 하소서. 우리와 함께 가기를 원하시는 주님의 부르심에 전심으로 응답하게 하소서.

비전은
완료된 시간이다

★ 어웨이크닝 포인트

비전은

미래로부터
달려오는 것을 '보는 것'

하나님 앞에
우리 자신을 열어
'듣는 것'

다가올 미래가 현재화되도록
'응답하는 것'

비전의 시간은
하나님 안에서 '완료된 시간'

하나님의 **완료된 시간 안에서**
현재는
태초부터 예정하신
미래의 잠재성으로 열려 있다.

새사람은
신의 상상력과 계획 속에서
태어났다.

태초부터 예비하신 완벽한
그분의 계획 안에서
우리는 무한한 풍요와
부요함을 가지고 있다.

★ 새사람의 소원은 하나님께서 책임지신다

하나님 나라와 그의 의 안에 있는 언약은
우리가 믿음으로 그 자원을 꺼내서 쓰기만 하면 이루십니다.
하늘 보화에는 생명력이 있어서
심기만 하면 자연스럽게 열매를 맺습니다.
하늘나라의 보물창고에 들어 있는 무한 자원을 사용하세요.
새사람의 소원은 하나님께서 반드시 책임지십니다.

⭐ 거룩한 상상력으로 실상의 세계를 보라

비전이 이루어지는 과정에서
우리는 실상의 세계의 방식을 배우게 됩니다.

새사람이 이루어 갈 일들을
거룩한 상상력으로 바라보세요.
소원을 마음에 담아
기도하고 상상하고, 생각하고 계획하십시오.

하나님과의 관계 속에서
우리의 소원과 하나님의 소원이
구체적인 정황 가운데 점점 하나가 됩니다.

우리를 향한 하나님의 계획을 믿고 신뢰하시나요?
그렇다면 주님께서 우리를 준비시키실 것입니다.

⭐ 나의 어웨이크닝 포인트

*본문의 내용 중 새기고 싶은 문장이나, 읽으면서 깨달은 것을 적어 봅니다.

너희 안에서 행하시는 이는 하나님이시니 자기의 기쁘신 뜻을 위하여 너희에게 소원을 두고 행하게 하시나니
모든 일을 원망과 시비가 없이 하라 ▌빌립보서 2장 13~14절

17. 소원을 정직하게

여기에 천사가 갇혀 있어
천사를 풀어놓아야만 해.

고린도전서 2장 9~10절 말씀을 주목해 보십시오. "기록된 바 하나님이 자기를 사랑하는 자들을 위하여 예비하신 모든 것은 눈으로 보지 못하고 귀로 듣지 못하고 사람의 마음으로 생각하지도 못하였다 함과 같으니라 오직 하나님이 성령으로 이것을 우리에게 보이셨으니 성령은 모든 것 곧 하나님의 깊은 것까지도 통달하시느니라." 하나님이 사랑하는 우리들을 위해 예비하신 모든 것은 옛사람의 눈으로는 볼 수가 없고, 옛사람의 귀로도 듣지 못합니다. 우리가 이 세계에서 상상할 수 있는 어떤 것으로도 생각할 수 없고 꿈꿀 수도 없었던 것입니다. 따라서 하나님께서 우리에게 주신 기업, 비전, 하나님의 나라에 대해서 생각할 때, '우리가 생각할 수 있는 그 이상의 것'임을 먼저 인정하고 이해하는 것이 참 중요합니다. 빌립보서 2장 13절에서도 "너희 안에서 행하시는 이는 하나님이시니 자기의 기쁘신 뜻을 위하여 너희에게 소원을 두고 행하게 하신다"고 말씀하십니다. 주권은 우리가 아니라 하나님께 있습니다.

소속을 명확하게, 소원을 정직하게

그것은 우리 마음의 집이 땅이 아니라 하늘에 속해 있다는 것을 의미합니다. 우리 집은 하늘에 속해 있고, 예수님을 집주인으로 하여 등기 이전이 끝났습니다. 예수님께서 내 마음의 주인이시므로 하나님께서 기쁘신 뜻을 따라 우리에게 필요한 모든 것을 무한히 주실 것입니다. 우리가 생각할 수도 없고, 상상할 수도, 볼 수도, 들을 수도 없었던 차원의 문이 열릴 것입니다. 그것을 단순히 믿으십시오. 눈에 보이지 않아도 믿음으로 기도할 때 비전과 일치하는 기도를 할 수 있게 됩니다. 그 믿음은 하나님 나라와 비전을 이루는 데 아주 중요한 동력입니다.

 우리가 잘 인식하지는 못하지만, 실은 이 세계를 움직이는 힘도 눈으로는 볼 수 없는 것들입니다. 세계는 단순히 물리적 공간을 의미하지 않습니다. 야구의 세계를 예로 들어 봅시다. 무엇이 떠오르시나요? 우리는 주로 눈에 보이는 큰 야구장, 홈런을 치는 야구 선수, 선수들이 휘두르는 방망이와 공을 생각합니다. 하지만 그것만으로 야구를 야구답게 할 수는 없습니다. 같은 선수와 공을 가지고도 다른 방식으로 경기를 할 수 있지요. 야구를 야구답게 만드는 것은 그 세계를 구성하는 규칙, 즉 법입니다. 또 야구를 좋아하는 사람들의 에너지가 필요합니다. 경기를 위해 밤낮없이 피땀 흘리며 연습하는 선수들이 있어야 합니다. 그 에너지는 야구가 사라지지 않고 계속 존재하게 하는 중요한 동력입니다.

 하나님께서도 이 세상 만물을 움직이실 때 언제나 에너지, 즉 소원을 가지고 운행하십니다. 그러나 옛사람은 절대로 하나님 나라에 대한 소원을 꿈꾸기가 어렵습니다. 그래서 하나님께서 우리에게 오셔서 가장 먼저 하시는 일은 하나님과 하나님 자신의 꿈에 대해 계시하는 것입니다. 그리고 그분의 뜻을 이루는 동력으로 우리의 소원을 사용하여 주십니다. 이스라엘의 베데스다 연못 근처에서 머무는 한 병자에게도 그 원리는 같았습니다. 그는 병이 매우 깊어 38년 동안이나 낫기를 원하며 앓고 있었습니다. 예수님께서는 그에게 다가가셔서 병을 바로 고쳐주시지 않고, "네가 정말 낫기를 원하느냐?"하고 물으셨습니다. 심리학적으로 이 장면을 해석하는 사람들은 예수께서 병자의 참 소원(real want)을 이끌어내셨다고 이야기합니다. 물론 병자의 갈망을 이끌어내신 것은 중요하지만, 갈망에 대한 이야기로 이 일화가 마무리되어서는 안 됩니다. 이 이야기의 핵심은 '예수님께서 병자에게 나타나셨다'는 것입니다. 예수님께서 나타나심으로 말미암아 병자는 비로소 참 소원을 가질 수 있었습니다. 그리고 그것은 믿음의 여정을 끝까지 달리게 하는 동력이 됩니다.

아브라함은 그간 해 오던 우상 장사도 망하고, 그토록 갈망하던 자식도 갖지 못해 고통스러운 가운데 있었습니다. 그때 하나님께서 아브라함에게 오셔서 전체를 조망하게 하셨습니다. 아무리 그분의 큰 계획을 계시해도 아직 아브라함은 알아듣지 못했지만, 그 계획으로 인해 아브라함은 소원을 가지게 되었습니다. 하나님과 함께 하늘의 수많은 별을 보며 "너는 이 별보다도 더 많은 자손을 낳게 될 거야. 네 몸에서 난 자손을 넘어서, 국가를 넘어, 인류의 자손을 낳게 될 거야."라는 희망을 들었습니다.

하나님의 뜻을 처음부터 온전하게 알기는 어렵습니다. 하지만 하나님께서 우리에게 오실 때는 반드시 꿈을 주십니다. 그래서 꿈이 없는 백성은 망한다고 말씀하신 것입니다(잠 29:18, 욜 2:28). 우리의 소원이 그분의 비전을 이루는 통로가 됩니다. 빌립보서 2장 13절 말씀처럼 하나님은 당신의 기쁘신 뜻과 비전을 위해 우리의 욕망과 욕구도 사용하십니다. 욕구 자체가 죄는 아닙니다. 그 욕구와 욕망이 어느 방향을 향해, 어떤 대상을 향해서 움직이고 변화되고 또 점점 성숙해지느냐가 중요합니다. 그래서 하나님은 우리에게 소원을 두십니다. 우리가 소원을 갖고 행하는 것 같지만 그것을 품게 하시는 이는 하나님이십니다. 거기에 우리의 자유 의지를 드려야 합니다. 우리의 의지로 그 소원을 품고, 꿈꾸고, 기도하고, 행하면 됩니다.

믿음은 정직한 자의 것이다

하나님의 꿈은 이미 하늘에서 이루어졌습니다. 그분은 이미 이루신 뜻을 믿는 자들을 통로로 하여 새로운 생명의 일을 이루기 원하십니다. 우리가 집중해서 분별할 것은 하나님의 영으로 새로 태어난 나와 이전의 나를 잘 구분하는 것입니다. 하나님의 영과 분리된 사람은 반드시 정신과 육체로만 애를 쓰며 살아갑니다. 그래서 몸이 거하고 있는 세상의 방식들을 상대하면서 살아남기 위해 고군분투하며 살아갑니다. 그러나 주인이 바뀌어 육이 아닌 생명의 영으로 살면, 하나님의 소원을 가지고 육의 영역들을 정복해 나가면서 성장하게 됩니다.

그래서 새사람은 하늘과 땅의 연결 통로가 됩니다. 하나님께서는 분리된 하늘의 뜻과 땅을 연결할 믿음의 사람을 찾고 계십니다. 생명의 영으로 거듭난 사람들만이 그 일을 할 수 있습니다. 하나님께서는 영이시기에 사람의 영을 거듭나게 하셔서 통로로 삼으십니다. 생명의 영으로 거듭난 우리가 바로 그 통로로 부름 받은 믿음의 자녀들입니다. 믿음이란 무엇일까요? 하늘에서는 이미 이루어져 있지만 땅에서는 아직 이루어지지 않는 일들을 보는 것입니다. 보이지 않는 세상을 보이는 것처럼 살아가는 것입니다. 그것은 헛것을 보는 것이 아닙니다. 실상의 세계지만 육의 눈으로는 보이지 않는 그것을 하나님께서 약속을 통해 믿게 하십니다.

믿음의 자녀들에게 하나님께서 가장 먼저 해 주시는 말씀이 있습니다. 바로 "두려워 말라"는 말씀입니다. 모든 믿음의 조상들이 하나님께 부름을 받을 때 이 음성을 들었습니다. 믿음을 가진다는 것을 가만히 생각해 보십시오. 우리에게는 하나님을 만나기 전에 형성된 생각, 경험, 합리, 판단이 있습니다. 그것들로 두려움을 방어하며 살아왔던 영역이 있습니다. 거기에는 하나님 없이 스스로 살고자 하는 원죄가 뿌리 깊게 배어 있습니다. 그 영역을 계속 정복하며 믿음에서 믿음으로 성장하는 살아 있는 사람, 그가 바로 새사람입니다.

 하나님께서 여호수아를 통로로 삼으시고 이스라엘 백성들을 믿음으로 출애굽 하게 하신 후에도 40년 동안이나 광야에서 연단하시며 계속 성장하게 하셨습니다. 하나님은 이스라엘을 향해 이미 실상에서 이루어진 계획을 갖고 계셨습니다. 그것은 아주 아름답고 풍요한 가나안 땅을 너희에게 주리라는 약속이었습니다. 거기에는 아주 구체적이고 세밀한 계획들이 있었습니다. 여리고 성을 무너뜨리고, 가나안의 적군과 싸우는 이스라엘 군대의 모습이 있었습니다. 과연 그것을 이스라엘 백성들이 상상할 수 있었을까요? 평생을 애굽의 노예로만 살았을 뿐 군사 훈련 한번 제대로 받아보지 못했던 이스라엘 백성들은 스스로 그 일을 절대로 상상할 수 없었습니다. 그러나 하나님은 계획하셨고 이스라엘 백성들이 소원을 품도록 인도하셨습니다. 구체적인 전쟁에서 하나님과 함께 승리하는 경험을 통해 이스라엘 백성들의 생각, 감정, 의지가 믿음으로 반응하게끔 훈련하셨습니다.

또 믿음의 조상이었던 아브라함을 떠올려 봅시다. 하나님께서는 아브라함을 75세에 부르셨고, 아브라함은 하나님을 믿었습니다. 그런데 하나님이 아브라함에게 약속하신 아들을 주시겠다는 약속을 이루신 것은 그가 하나님을 믿고 길을 떠난 지 25년이 흐른 후였습니다. 25년 동안 아브라함은 무엇을 했을까요? 그리고 하나님은 그동안 무엇을 하셨을까요? 아브라함의 믿음의 과정 속에서 하나님께서는 자식을 주시는 것 외에도 많은 축복을 부어주셨습니다. 우선 우상사업을 하다가 망한 아브라함을 부요한 자산가가 되게 하셨습니다. 또한 군사력도 갖추게 하셨습니다. 궁극적으로는 아브라함이 장성한 믿음의 분량에 이르게 하시고, 수많은 믿음의 자손들도 허락해 주셨습니다. 별과 같이 셀 수도 없는 믿음의 자손들을 허락하시고, 아브라함을 그들의 조상이 되도록 하셨습니다. 하나님께서는 이 믿음의 여정을 아주 정교하게 계획하고 계셨습니다.

믿음의 여정을 걷는 동안 하나님은 아브라함의 정직한 소원이 드러나게 하셨습니다. 그것은 아브라함이 긴 세월을 인내했던 마음속의 가장 깊은 소원이었습니다. 지금 형편으로 보아서는 이루어질 것 같지 않고 꿈꿀 수도 없는 소원이었지만, 아브라함은 그 소원을 정직하게 드러내며 하나님 앞에 섰습니다. 믿음은 정직한 자의 것입니다. 그러나 우리는 하나님께서 언약을 주시려고 오실 때 도리어 우리의 마음을 미리 접고 정직한 소원을 이야기하지 않을 수 있습니다. 만약 아브라함이 그랬다면 어떻게 되었을까요? 75세나 된 자신과 태가 끊어진 사라에게는 희망도 없으니 하나님의 약속을 겸손한 척 사양했다면 어떻게 되었을까요? 믿음의 여정을 통해 하나님께서 이루실 일들은 이루어지지 않았을 것입니다. 비록 아브라함의 소원은 그저 아들을 얻는 것 하나에 매달려 있었을지라도, 하나님께서는 그 소원을 정직하게 드러낸 아브라함을 25년 동안 이끌어주셨습니다. 그러면서 수많은 복을 주시고, 아브라함 안에서 능력과 사랑과 절제의 완성을 이루셨습니다. 이처럼 하나님께서는 믿음의 여정으로 초대하면서 우리의 정직한 소원을 이끌어 내십니다. 그 소원이 비록 하찮게 보일지라도, 작은 믿음 하나를 얹은 그 소원을 하나님께서는 정말 귀하게 보십니다. 그리고 모든 일을 합력하여 마침내 선을, 그분의 꿈과 계획을 이루십니다.

위대한 조각가 미켈란젤로(Michelangelo Buonarroti)가 투박한 대리석 덩어리를 들고 있었습니다. 한 아이가 그에게 다가와 그것이 무엇인지 묻자, 그는 이렇게 대답했습니다. "여기에 천사가 갇혀있단다. 천사를 풀어놓아야 해." 이제 우리의 새사람을 풀어놓을 때입니다. 우리의 존재와 소원을 장인이신 하나님께 맡기십시오. 하나님께서는 흙덩어리 같은 우리를 끌과 망치로 작품을 만들어 가시는 최고의 장인이십니다. 그분은 많은 것이 필요하지 않으십니다. 우리의 정직한 소원 하나와 믿음만을 원하십니다. 그분은 우리의 벌거벗은 소원 하나에 겨자 씨 같이 작은 믿음 한 조각만으로도 놀라운 일을 하시는 위대한 분이십니다. 우리가 드린 작고 진실한 것을 가장 멋진 작품으로 인도하시는 주님을 찬양합니다.

우리는 기도합니다

주님, 옛사람에 갇혀 있을 때는 쉽게 보이지 않았던 영역들이 당신의 사랑 안에서 꺼내어지고 드러나기를 원합니다. 우리 안에 당신이 심어 놓은 깊은 갈망이 풀어 다니게 되길 원합니다. 갇혀 있고, 묶여 있던 우리의 모든 영역들이 떨어져 나가고, 하나님께서 새롭게 시작하신 경이롭고 놀라운 일들이 형성되어 나갈 때, 깨어진 세상이 새롭게 되고, 하나님 나라의 공공선이 이 땅 가운데 임하는 것을 보게 하옵소서. 주님, 하나님 나라를 위한 아름답고 강한 군사들이 탄생되기를 기도합니다. 복음 안에서 모이고, 세워지고, 펼쳐지는 에너지와 역사로 우리의 삶과 세상을 새롭게 하옵소서.

생각할 수 없어서 꿈꿀 수 없었던 것, 하나님 나라의 비전!

★ 어웨이크닝 포인트

하나님께서 우리에게 주신
기업, 비전, 하나님의 나라는
**'우리가 생각할 수 있는
그 이상의 것'**임을 먼저 인정하고
이해하는 것이 중요!

하나님께서
마음의 주인이시므로
하나님의 기쁘신 뜻을 따라
우리에게 필요한 모든 것을
'무한히' 주신다.

믿음으로 기도할 때
비전과 일치하는
기도를 할 수 있다.

처음부터 하나님의 뜻을
온전하게 알기는 어렵지만
하나님께서 우리에게 오실 때는
반드시 꿈을 주신다.

★ 꿈꾸고 기도하고 행하라

잘 인식하지는 못하지만 실은 이 세계를 움직이는 힘은
눈으로는 볼 수 없는 규칙, 즉 법입니다.
또 좋아하는 사람들의 에너지가 중요합니다.
에너지는 사라지지 않고 계속 존재하게 하는 중요한 동력입니다.

베데스다 연못 근처에서
38년 동안이나 앓던 병자 이야기의 핵심은
예수님께서 병자에게 나타심으로 말미암아
'낫고 싶다는 갈망(real want)'을 넘어 참 소원을 가질 수 있었다는 것입니다.

참 소원은 믿음의 여정을 끝까지 달리게 하는 동력입니다.
우리는 그분의 비전을 이루는 통로가 됩니다.

우리가 소원을 가지고 행하는 것 같지만
소원을 이루시는 주도권은 우리가 아니라 '하나님께' 있습니다.
신뢰하면서.

소원을 품고, 꿈꾸고, 기도하고, 행하십시오.

★ 믿음은 정직한 자의 것!

집중해서 분별할 것은
하나님의 영으로 새로 태어난
나와
이전의 나를 잘 구분하는 것

하나님은 영이시기에
사람의 영을 거듭나게 하셔서
통로로 삼으십니다.

보이지 않지만 실상의 세계를
하나님께서는 약속을 통해
'믿게' 하십니다.

하나님께서는
믿음의 여정으로 초대하면서
우리의 정직한 소원을
이끌어 내십니다.

아브라함은 자식을 낳고 싶다는
자신의 소원을
정직하게 드러내며
하나님 앞에 섰습니다.

아브라함의
믿음의 과정 속에서
하나님께서는
자식을 주시는 것 외에도
부요한 자산, 군사력,
수많은 믿음의 자손들을
허락해주셨습니다.

아브라함의 믿음의 과정 속에는
하나님의 정교하고
큰 계획이 있었습니다.

정직한 소원 하나와 믿음이 있으면
모든 일을 합력하여 마침내
나의 참 소원과 연결된
그분의 꿈과 계획을 이루십니다.

믿음은 정직한 자의 것입니다.

★ 옛사람의 영역 완전 정복: 믿음을 사용하여

우리에게는
생각, 경험, 합리, 판단, 느낌 등
두려움을 방어하며 살아왔던
영역들이 있습니다.

'하나님 없이 스스로 살고자 하는
원죄의 뿌리 깊은 영역'이 있습니다.

구체적인 전쟁에서
옛사람의 영역을 정복하여
믿음을 사용하는
살아 있는 사람,

그가 바로 새사람입니다.

★ 나의 어웨이크닝 포인트

*본문의 내용 중 새기고 싶은 문장이나, 읽으면서 깨달은 것을 적어 봅니다.

_____

_____

_____

_____

_____

BOR
NAG
A I N

Chapter 7 | 새사람의 생활

하나님의 말씀은 살아 있고 활력이 있어 좌우에 날선 어떤 검보다도 예리하여 혼과 영과 및 관절과 골수를 찔러 쪼개기까지 하며 또 마음의 생각과 뜻을 판단하나니

▌히브리서 4장 12절

18. 언어: 말씀의 에코잉

우리가 하늘 가문에 입적되었다는 것을 믿으시나요?
그렇다면 그 가문의 언어생활을 익혀야 합니다.

우리는 하나님 아버지의 가문에 입적되었습니다. 그것을 믿으시나요? 그렇다면 그 가문의 기본 생활을 익혀야 합니다. 그중에서 가장 중요한 것은 언어생활입니다. 그런데 우리는 기도하거나 말씀을 전할 때 자꾸 이 방인들처럼 듣고 말합니다. 하나님 아버지께서 무슨 말씀을 하시는지, 내가 아버지께 어떤 말씀을 드려야 하는지, 사람들에게 어떻게 말씀을 전해야 하는지 잘 모릅니다. 아주 간단하게 두 가지만 하면 됩니다. 첫째, 들으십시오. 둘째, 전하십시오. 말에는 권세와 능력이 있기 때문에 이 두 가지만 우리의 언어에 잘 심어도 복된 생활이 저절로 이루어집니다.

히브리서 4장 12절은 "하나님의 말씀은 살아 있고 활력이 있어 좌우에 날선 어떤 검보다도 예리하여 혼과 영과 및 관절과 골수를 찔러 쪼개기까지 하며 또 마음의 생각과 뜻을 판단한다"고 말씀합니다. 하나님의 말씀은 살아 있기에 스스로 운동력이 있어 심령을 쪼개고 판단합니다. 그래서 말씀 선포자들이 생명의 말씀을 선포할 때, 그 말씀은 예리한 수술칼이 되어 우리의 육은 죽이고 영은 살립니다. 진리는 악으로부터 영을 지키고 육을 죽입니다. 말씀을 들을 때 육은 아프지만 잘려 나감으로써 우리가 영으로 살아나게 됩니다. 그러므로 살아 있는 말씀, 진리의 말씀을 잘 듣고 전하고 사는 것이 우리 자신뿐 아니라 교회와 이 시대를 살리는 유일한 길입니다.

그렇다면 어떻게 잘 듣고 전할 수 있을까요? 우선 말씀을 들을 때, 우리는 각자 다른 관심사를 마음에 품고 듣기 시작합니다. 그러나 듣는 과정에서 점점 주님의 마음과 관심사를 깨닫게 됩니다. 또 성령은 공동체의 영이시기 때문에 교회 공동체에 한마음으로 감동 주시는 말씀도 있습니다. 예배 가운데 찬양하거나 기도를 할 때도 마음에 감동으로 다가오는 말씀이 있습니다. 그 말씀에 믿음을 담아 행하며 하루를 살면 됩니다. 듣고, 새기고, 행하고, 또 행하는 가운데 말씀을 듣는 선순환이 일어나게 되지요.

　다음으로, 마음에 감동받은 하나님의 말씀을 다른 사람들과 나누면 됩니다. 말씀을 듣고 행하는 것은 말씀을 전하는 것을 포함합니다. 행함은 우리의 의지대로 사는 것이 아니라 주님께서 말씀하신 그대로를 살고 나누는 것입니다. 말씀은 운동력이 있기에 그대로 행한 것은 우리에게 능력과 역사를 일으킵니다. 그것을 함께 나누고, 전하면 됩니다.

에코잉, 반복하고 되새기는 믿음의 고백

　이제 들은 말씀을 우리의 언어로 고백하고 되새기는 기도를 함께 배워보겠습니다. 이 기도는 '에코잉(echoing)' 기도입니다. 말 그대로, 말씀을 읽을 때 감동되는 구절을 따라 말하고 거기에 믿음의 고백을 얹는 것입니다. 먼저 감동이 되는 말씀을 말하고, 그 뒤에 우리의 고백을 올려드리기 때문에 아주 쉽고 누구든지 할 수 있습니다. 예를 들어, 요한복음 10장 10절에서 "내가 온 것은 양으로 생명을 얻게 하고 더 풍성히 얻게 하려는 것이라" 는 말씀에 감동이 된다면 잠시 그곳에 머뭅니다. 성경을 읽을 때 머물며 마음에 새기는 과정이 참 중요합니다. 마음을 담아 말씀을 그대로 따라 읽어보세요. 말씀이 우리 마음을 비추며 하나님과 우리도 몰랐던 자신에 대해 알게 하실 것입니다. 말씀이 비춰주신 것을 다시 기도로 올려드리면 됩니다. 아래 예시를 참고해 보세요.

"내가 온 것은"   "주님, 제게 오셨군요. 감사합니다. 아멘."

"양으로"   "네, 저는 주님의 양입니다.
                저를 인도해주시고 책임져주세요."

"생명을 얻게 하고"   "주님, 저는 목자 되신 예수님을
                        믿고 영접했습니다. 제 안에는
                        주님 주신 생명이 있습니다."

"더 풍성히 얻게 하려는   "제 안에는 생명이 있고 나날이
      것이라"   더 풍성해집니다. 감사합니다. 주님."

말씀이 불러낸 고백을 몇 번씩 반복하며 마음에 충분히 새기세요. "주님, 오셨군요. 감사합니다. 저는 주님의 양입니다. 저는 목자 되신 예수님을 믿고 영접했습니다. 제 삶의 목자는 주님이십니다. 주님이 저를 책임져 주시니 제 안에는 생명이 있고 나날이 더욱 풍성해집니다. 제가 이것을 믿고 그대로 행동하겠습니다. 그리고 전하겠습니다." 단순하지요? 이 고백대로 살고, 말씀을 전하면 됩니다.

"너희가 내 안에 거하고 내 말이 너희 안에 거하면 무엇이든지 원하는 대로 구하라 그리하면 이루리라"(요 15:7)는 말씀을 읽었을 때, 때로 우리의 마음은 말씀이 거하기 부담스러운 상태일 수도 있습니다. 무엇이든지 구하는 것도 왠지 망설여질 수 있습니다. 그래도 말씀을 그대로 고백하며 환영해 보세요. 우리의 상태와 관계없이 말씀이 우리를 끌어갈 수 있도록 그대로 고백하는 것입니다. "주님, 환영합니다. 제게 주신 말씀을 환대하며 행동합니다. 주님 안에 거하며 구한 것은 무엇이든지 이미 다 이루어진 것으로 믿고 감사드립니다." 이렇게 기도하면 됩니다.

때로 말씀과 우리의 삶이 괴리가 있기도 합니다. "그런즉 너희는 먼저 그의 나라와 그의 의를 구하라 그리하면 이 모든 것을 너희에게 더하시리라"(마 6:33)는 말씀을 읽을 때, 영혼 구령과 하나님 나라의 비전을 우선순위로 두고 기도하고 싶지만 실제로 나의 삶을 보면 그렇지 않다는 생각이 들 수 있습니다. 그러나 그런 생각에 계속 머물지 마십시오. 나 자신의 어떠함이 아니라 말씀에 머무르고, 그 말씀을 믿음으로 고백하세요. 그러면 말씀이 우리를 이끌어 가십니다. "주님, 영혼 구령과 하나님 나라의 비전이 삶의 우선순위가 되기를 원합니다. 늘 먼저 그것부터 구하겠습니다. 주님께서 이미 제게 필요한 모든 것을 공급해주셨음을 믿습니다. 주님의 자비와 풍성하심은 무한합니다. 감사합니다." 이렇게 기도하면 됩니다.

말씀은 우리가 삶에서 일어나는 모든 일에 대해 이미 승리한 자라고 이야기합니다. "그런즉 이 일에 대하여 우리가 무슨 말 하리요 만일 하나님이 우리를 위하시면 누가 우리를 대적하리요"(롬 8:31). 그래서 기도하는 순간마다, 기쁨과 감탄과 감사가 터져 나옵니다. "하나님, 전능하시고 천지 만물을 지으신 분을 제가 부릅니다. 하나님은 아무도 대적할 수 없는 분이십니다. 하나님은 저의 아버지이시고 제 편이십니다. 어떻게 이런 일이 있을까요? 놀랍습니다!" 말씀이 깨닫게 하는 진리는 우리의 가슴을 펴지게 합니다. 우리가 이미 이긴 전쟁을 하고 있음을 알게 합니다.

또 공동체를 향한 말씀도 에코잉 기도에 실어 올려드릴 수 있습니다.

"아멘, 오늘 저에게 말씀을 듣게 해주시니 감사합니다. 주님께서 우리 공동체 전체에게 하신 이 말씀은 하나님 나라를 위해 주님께서 주신 말씀입니다." 이렇게 기도하며, 들은 말씀을 그대로 감사하며 올려드릴 때 우리의 삶이 바뀝니다.

말씀이 우리 안에 좌정하시도록

이렇듯 말씀은 우리를 하나님 아버지와의 친밀한 관계로 들어가게 합니다. 하나님이 하신 말씀을 동일하게 입술로 고백하면 우리 안에 하나님 아버지의 영이 거하십니다. 예수님의 생명이 우리 안에서 일하십니다. 이것을 믿으십시오. 하나님 안에 있다는 것은, 우리가 하나님의 말씀 안에 있고 또한 말씀이 우리 안에 계신다는 뜻입니다. 그 말씀은 생명이기 때문에 우리를 끌어가며 자연스럽게 삶의 열매를 맺습니다.

하나님께서 말씀을 주시는 세 가지 방식을 기억합시다. 먼저, 성경을 통해 말씀하십니다. 그리고 교회 공동체 전체에게 선포하시는 말씀을 통해 주십니다. 또한, 찬양과 기도를 올려 드릴 때 느껴지는 감동, 그리고 우리의 여러 가지 은사를 통해 말씀을 주십니다. 성경 말씀 외에도 다양한 방법으로 말씀을 주시는 이유는 말씀에 여백이 있기 때문입니다. 하나님의 말씀은 성경 한 권으로 끝나지 않습니다. 기록된 말씀의 여백, 차원의 층위 가운데에는 우리들의 행전(行傳)이 있습니다. 마치 사도들이 성령의 감동을 받아 행한 구체적 사건들이 사도행전으로 기록되었듯 말입니다.

성경에는 문자적으로 우리가 하루 동안 무엇을 어떻게 해야 하는지 구체적으로 제시되어 있지 않습니다. 우리가 기도할 때 성경의 말씀이 마음에 세워지며 사건으로 일어납니다. 기도할 때 주시는 말씀을 믿음으로 감사하게 받아들이세요. 하나님께서는 꿈으로, 거룩한 상상력을 통해서, 뜨거운 감동으로 말씀을 주실 것입니다. 그때 마음에 감동이 일어나면서 성령의 열매가 마음에 새겨지고, 평강이 우리를 뒤덮으며 감사가 넘칩니다. 그 선물을 믿음으로 받으시기를 바랍니다.

그러나 말씀을 받자마자 사람들에게 바로 이야기하기보다, 마음에 더 새겨야 합니다. 받은 말씀을 기록해두세요. 정말 주님께서 주신 말씀이라는 생각이 든다면 기록하고 기도하며 해석의 과정을 거치면 됩니다. "주님, 이것이 주님의 뜻이라면 반드시 이루어질 것입니다. 이것이 거룩한 하나님 나라를 위한 주님의 계획이라면 제 심중에 심겠습니다. 구체적인 삶 속에서 실현될 줄 믿습니다. 저를 준비시켜 주시옵소서." 하나님께서 우리에게 비전을 주실 때 항상 이런 기도를 심으시기를 바랍니다. 하나님께서 주시는 말씀은 그분의 시간 속에서는 이미 실현된 것이지만 아직 우리는 아무것도 준비되지 않았을 수 있습니다. 하나님께서는 이스라엘의 출애굽을 위해 모세를 택하셨지만 그를 준비시키는 데 왕궁에서 40년, 광야에서 40년, 총 80여 년이 걸렸습니다.

 사람마다 비전에 따라 하나님께서 준비시키는 기간들이 있습니다. 준비하는 동안 해야 할 것은 단 세 가지입니다. 첫째, 말씀을 늘 읽으십시오. 성경을 꾸준히 읽으면서 사랑을 담아 아버지의 이름을 부르세요. '하나님이 나의 아버지시고 나를 사랑하시며 내게 필요하신 것을 무한히 공급하신다'는 것을 믿고 감사하는 마음으로 부르세요. 하늘 아버지를 부를 때 사랑하고 감사하는 마음이 말씀을 읽는 순간순간 솟아날 것입니다. 감동을 주실 때는 그 말씀 그대로 따라 읽어봅니다. 내게 주신 말씀이라고 생각하며 그대로 나를 대입하여 따라 하면 됩니다. 둘째, 공동체에 주시는 성령의 말씀으로 기도하세요. 성령은 공동체의 영이십니다. 말씀의 강단을 통해 공동체에 말씀을 주실 때는 서로 각각 다르게 받게 하지 않으십니다. 그렇기에 공동체에 주시는 말씀을 성령의 말씀으로 받아들이며 기도하세요. 복음적인 말씀, 영적 성장을 이루게 하는 말씀, 영적으로 젖을 먹는 아이들에게 주시는 말씀, 단단한 식물을 먹는 어른들에게 필요한 말씀들이 골고루 들어 있는 양질의 말씀을 많이 들으시기 바랍니다. 성경을 보는 눈이 달라질 것입니다. 셋째, 주님께서 감동으로 보여주시고 말씀하신 것을 전부 마음에 새기면서 기도하세요. "주님, 아직 제가 준비가 덜 되어 이 말씀이 감히 믿어지지 않습니다. 그러나 이것은 주님께서 주신 말씀이니 제가 믿습니다. 준비되겠습니다. 주님의 때에 주님의 방식으로 하시는 것을 믿고 감사드립니다." 이 단순한 세 가지를 훈련하며 말씀과 기도로 무장합시다.

우리는 기도합니다

주여, 우리에게 말씀하여 주옵소서. 당신의 생명의 말씀에 우리의 입술을 포개어 고백할 때, 예수의 생명이 나와서 그 말씀대로 일하게 하옵소서. 우리의 심령에 새겨진 말씀이 우리를 이끌어 가시며 하나님의 역사를 이루어 주실 줄 믿습니다. 그러니 오직 말씀을 듣고, 마음에 그대로 받아 행하겠습니다. 주님의 때에 주님의 방식으로 이루실 모든 일들을 믿고 감사합니다. 주여, 우리를 새롭게 하옵소서.

에코잉(Echoing),
반복하고 되새기는 믿음의 고백

★ 어웨이크닝 포인트

<u>살아 있는 복음적 말씀 듣고 새기기</u>

성경을 '해치우듯이' 읽지 않고
감동되는 구절을 '그대로' 따라
말하고 거기에 믿음의 고백을
얹으라.

잠시 머물며 마음에 새기라.

말씀이 비춰주신 것을
다시 기도로 올려드리라.

<u>전하는 것이 새사람의 언어생활</u>

행동은 '내 생각과 계획에서 나온 행
위'가 아니라 주님께서 말씀하신 '그대
로'를 나누는 것이다.

내 안의 그 말씀이 예수님의 생명이기
때문에, 내가 그 말씀을 인정하고
고백할 때 예수님의 생명이 나와서 그
말씀대로 일하신다.

그렇게 산 것은 힘이 되고 내면화가
되기에 반드시 역사가 나타난다.
그것을 나누라.

★ 말씀이 안에 좌정하시도록

나 자신의 어떠함에 꽂히지 말고
말씀에 머무르고
그 말씀을 믿음으로 고백하라.

어둠의 영은
믿음과 감사로 드리는 고백을
두려워한다.

우리는 이미 이긴 전쟁을 하고 있다는 것을 잊지 말라!

> 말씀은 우리를 하나님 아버지와의 친밀한 관계로 들어가게 합니다.
> <u>하나님이 하신 말씀을 동일하게 입술로 고백하면 우리 안에</u>
> <u>하나님 아버지의 영이 거하십니다. 예수님의 생명이 우리 안에서 일하십니다.</u>
> <u>이것을 믿으십시오.</u>
> 하나님 안에 있다는 것은, 우리가 하나님의 말씀 안에 있고
> 또한 말씀이 우리 안에 계신다는 뜻입니다.

😮 언제까지 해야 하나요?

꾸준히
임계점을 넘어
당신 안의 성령이 이끄시는
운명에 닿을 때까지

⭐ 나의 어웨이크닝 포인트

*본문의 내용 중 새기고 싶은 문장이나, 읽으면서 깨달은 것을 적어 봅니다.

_____

_____

_____

_____

만군의 여호와가 이르노라 너희의 온전한 십일조를 창고에 들여 나의 집에 양식이 있게 하고 그것으로 나를
시험하여 내가 하늘 문을 열고 너희에게 복을 쌓을 곳이 없도록 붓지 아니하나 보라 ▌말라기 3장 10절

19. 재정: 맘몬 신을 이기라

우리는 삶을 살게 하는 힘이 돈에 있으며,
돈이 삶을 자유하게 만든다고
착각하곤 하지.

성경에는 돈에 관한 이야기가 참 많습니다. 돈 자체가 중요해서라기보다 돈이 가진 상징성과 관계성이 중요하기 때문입니다. 돈은 우리의 마음과 가치관의 현주소를 말해줍니다. 삶에 대한 태도와 방향성, 선택의 기준과 목적을 보여줍니다. 우리의 관념, 생각, 철학, 가치관들은 우리의 존재를 결정합니다. 그래서 중요한 것은 돈 자체가 아니라, 우리가 어떤 정신과 가치관을 기준으로 삼고 있으며 어떤 영적인 태도를 갖추고 있는가입니다.

십일조에 관한 말라기서의 내용에 대해 많은 사람들이 관심을 두고 논쟁합니다. "만군의 여호와가 이르노라 너희의 온전한 십일조를 창고에 들여 내 집에 양식이 있게 하고 그것으로 나를 시험하여 내가 하늘 문을 열고 너희에게 복을 쌓을 곳이 없도록 붓지 아니하나 보라"(말 3:10). 대부분 이 말씀을 돈의 문제라고 생각합니다. 그런데 이것은 돈에 관한 이야기가 아닙니다. 더군다나 탐욕을 정당화하는 이야기도 아닙니다. 하나님의 존재에 대한 믿음과, 세상에 대한 우리의 자유와 주권에 관한 이야기입니다. 세상에서 가장 영향력 있는 돈의 문제를 화두로 하나님과 그분의 언약, 신실하심에 대해 우리를 씨름하게 하는 구절입니다.

맘몬을 다스려라

인류 최초의 죄가 신처럼 될 것이라는 유혹에서 시작되었음을 기억해봅시다. 돈의 강력한 상징성은 힘과 자유의 주권을 물질이 준다고 생각하게 만드는 교묘한 조작에 있습니다. 현상을 존재하게 하는 근원적인 실상의 힘에 대해서는 무관심하게 만들고, 보이는 현상과 물질이 전부라고 생각하게 합니다. 돈의 전능성은 이 왜곡에 기반합니다. 삶을 살게 하는 힘이 돈에 있고 그것이 우리의 삶을 자유하게 만든다고 착각하게 합니다. 결과적으로 돈과 물질이 유사(類似) 신 노릇을 하며 우리를 참된 신에게서 멀어지게 합니다. 이 맘몬 신, 즉 돈의 신에 대해 하나님의 주권을 선포하는 것이 그리스도인이 재물을 다스리는 방법입니다. 가난하다고 해서 이러한 훈련에서 제외될 수 없습니다. 재물이 많고 적음에 관계없이 돈에 대한 분명한 훈련을 통해 영적인 힘과 주권을 가져야 합니다.

상당한 부를 가진 사람들의 경우는 이 기준보다 한 단계 더 나아가 충만한 감사의 마음으로 헌신하고 베푸는 것을 훈련해야 합니다. 무엇보다 돈이 하나님의 나라와 구원 사역을 위해 쓰여야 하고, 교회 역시 하나님의 은혜로 충만하여 재물을 필요한 곳에 흘려보내는 통로가 되어야 합니다. 하나님의 일을 전담한 사역자들에 대한 온당한 대가와 하나님의 마음을 담은 구제 사역에 물질이 사용되어야 합니다. 하나님의 사람들은 선한 일을 위해서 때로 엄청나게 많은 돈을 사용하였습니다. 조지 뮬러(George Muller) 목사는 부르심을 받아 많은 고아를 위해서 엄청난 돈을 하나님께 공급받으면서 살았습니다. 정기적인 수입이 하나도 없었지만, 그가 기도하는 것마다 하나님께서 다 공급하셨습니다. 하나님께서 우리에게 주신 비전은 때로 수많은 자원을 필요로 합니다. 그것을 위해 진정으로 돈이 겸손하게 쓰여야 합니다. 우리가 이 선한 통로가 됨을 믿으십시오.

'언약 안에서' 시험하라

그러나 사람들이 '하나님을 시험하라'는 말씀을 오해하는 이유는 하나님에 대한 신뢰를 중심에 놓지 않기 때문입니다. 그래서 '시험'을 하나님께서 우리의 탐욕을 이루어 주시는지 지켜보는 것처럼 생각하고, 그런 시험은 하면 안 된다고 제한합니다. 그러나 대부분의 생활 속에서 우리는 이미 각자의 기준과 가치를 가지고 하나님을 시험하고 있습니다. 하나님에 대한 믿음과 언약의 약속 없이 자기 기준으로 하나님을 대합니다. 하나님께서 약속해 주셔도 꺼리면서 믿지 않습니다. 우리에게 불리하거나 두려워서라기보다는, 그 약속이 진짜라기에는 너무 좋고 쉽게 이루어지는 것 같아서 망설입니다. 십일조에 대한 언약에 대해서도 마찬가지입니다. 되려 십일조를 율법적인 의무로 생각하며 마음이 무거워지거나, 자기 탐욕으로 하나님을 시험하고자 합니다.

그러나 말라기 3장 10절 말씀에서 가장 중요한 것은 첫 문장, "만군의 여호와가 이르노라" 입니다. 만군의 여호와가 말씀하셨기 때문에 그 약속대로 이루어질 것입니다. 이 믿음이 중요합니다. "온전한 십일조를 창고에 들여라. 그게 나의 집의 양식이다. 그것으로 나를 시험해 봐라." 유일하게 성경에서 시험을 허락하는 말씀입니다. "내가 하늘 문을 열고 너희에게 복을 쌓을 곳이 없도록 붓지 아니하는지 보아라." 이 선하신 말씀에 대한 신뢰를 가질 때 우리는 돈이 자유와 주권을 준다는 망상에서 벗어날 수 있습니다. 말씀을 신뢰하고 진정한 해방과 전능의 주체가 하나님이시라는 것을 삶에서 구체적으로 경험해야 합니다. 시행착오를 겪으며 우리가 얼마나 물질에 매여 있는지를 보게 될 것이며, 그리스도인으로서의 재정 생활이 얼마나 괴리를 이루고 있는지 점검하게 될 것입니다.

또한 우리가 이 말씀을 읽을 때 전적으로 전제해야 하는 것이 있습니다. 하나님은 자비로우시며 우리가 유형과 무형의 부요를 진실로 경험하기를 원하신다는 것입니다. 우리는 하나님의 그러한 능력을 당연시하면서 실제 삶에서는 비현실적이고 막연하게 여기곤 합니다. 그러나 하나님은 강한 어조로 강조하시면서 "내가 말한다. 내가 쏟아 부어줄 것이다. 내가 살아 있음을 믿고 그 언약을 믿고 심어라."하고 말씀하십니다.

하나님께서는 이 언약을 '온전한 십일조를 창고에 들여 보라'는 '조건문'으로 말라기서에 기록해 놓으셨습니다. 여기서 조건문은 하나님이 조건에 제약받는다는 뜻이 아닙니다. 우리가 믿음을 가지고 응답할 때 하나님께서 역사하신다는 것을 나타내시기 위함입니다. 즉 조건은 단 하나, 우리의 믿음뿐입니다. 우리의 신뢰를 그토록 중요하게 여기시는 이유는 하나님께서 조건에 제약받기 때문이 아니라, 원하지도 않는데 억지로 그분의 부요를 주시지 않기 위함입니다. 그러므로 유독 말라기서의 이 말씀이 조건문으로 되어 있다는 것은 의미심장합니다. 하나님께서 그토록 주고 싶어 하시는 부요와 충만의 비밀을 여는 열쇠는 우리의 소원과 전적 신뢰임을 기억하십시오. 맘몬에게 굴복당하지 마십시오. 신뢰로 그분의 마음과 우리의 삶을 연결하십시오. 하나님의 마음이 우리의 삶에 구체적으로 실현되며 풍요를 누리게 될 것입니다.

그러니 말라기서의 말씀처럼 믿음으로 하나님의 언약을 붙잡고 시험해 보십시오. 그럴 때 믿음의 경험치가 쌓입니다. 이것은 결코 불경한 것이 아닙니다. 많은 사람이 이 믿음의 모험에 자신을 던지지 않기 때문에 믿음이 희미하고 구체적으로 하나님의 부요를 경험하지 못합니다. 그리고 자신이 만든 하나님에 대한 관념에 속아 넘어갑니다. 결과적으로 하나님의 마음을 경험하지 못하며, 유형과 무형의 모든 부요한 자원을 받지 못합니다.

 하나님께서는 진정으로 우리가 언약과의 씨름을 하기를 원하십니다. 재물을 다스릴 수 있는 믿음의 권세를 경험하게 하기 위해서입니다. 믿음으로 이 씨름에 기쁘게, 꾸준히 참여하십시오. 시행착오와 우리의 옛사람으로 인해 금방 포기하거나 좌절하지 마십시오. 궁극적으로 우리는 재물을 기복이나 율법으로 대하지 않고, 그분의 주권을 선포하는 통로로 삼게 될 것입니다. 돈이 삶의 목표이며 주인인 것처럼 여겨지는 이 세상에서 하나님은 우리에게 그것을 다스릴 수 있는 강력한 힘과 자유를 주셨습니다. 유형과 무형의 모든 부요를 주시기 원하시는 그분의 마음과 언약을 잊지 마십시오. 하나님의 권세 아래 돈이 무릎 꿇고 하나님의 나라를 위해서 쓰이기를, 사랑을 위해서 쓰이기를, 고통받는 이 세계를 구원하기 위해서 온전히 쓰이기를 축복합니다.

우리는 기도합니다

주님, 돈이 자유와 권능의 통로인 줄 알고 살았던 삶을 회개합니다. 진정한 해방과 전능의 주체가 하나님이심을 고백합니다. 우리 삶의 주권이 전적으로 주님께 있고, 오직 주님으로부터 풍요와 부요가 나옴을 고백합니다. 그 자녀 된 권세로 재정과 세상을 다스리기를 원합니다. 우리가 하늘의 곳간으로부터 무한한 공급을 받고, 하나님의 나라를 위해 흘려보내는 복된 재정의 통로가 되기를 기도드립니다.

돈은 세상에 대한
우리의 자유와 주권에 관한 씨름이다

★ 어웨이크닝 포인트

맘몬 신에 대해
<u>하나님의 주권을 선포하라.</u>

십일조는 그리스도인이 재물을
다스리는 방법이다.

<u>돈의 사용은 우리의 마음과
가치관의 현주소를 말해준다.</u>

돈은 우리의
삶에 대한 태도와 방향성,
선택의 기준과 목적을 보여준다.

<u>재물이 많고 적음에 관계없이
돈에 대한 분명한 훈련을 통해
영적인 힘과 주권을 가져야 한다.</u>

하나님 나라를 위해
돈이 겸손하게 쓰이도록 하라.

돈의 강력한 상징성은
<u>힘과 자유의 주권을
물질이 준다고 생각하게 만드는
교묘한 조작에 있다.</u>

<u>근원적인 실상의 힘에 대해서는
무관심하게 만들고,
보이는 현상과 물질이 전부라고
생각하게 한다.</u>

아버지의 부요와 충만의 비밀을 여는
열쇠는 <u>전적 신뢰다.</u>

<u>진정한 해방과 전능의 주체가
하나님이시라는 것을</u>
삶에서 구체적으로 경험해야 한다.

하나님께서는 진정으로 우리가 언약과의 씨름을 하기 원하십니다. <u>재물을 다스릴
수 있는 믿음의 권세를 경험하게 하기 위해서입니다.</u> 믿음으로 이 씨름에 기쁘게,
꾸준히 참여하십시오. 시행착오와 우리의 옛사람 때문에 금방 포기하거나 좌절하
지 마십시오. <u>궁극적으로 우리는 재물을 기복이나 율법으로 대하지 않고, 그분의
주권을 선포하는 통로로 삼게 될 것입니다.</u>

★ 하나님의 언약을 붙잡고 시험하라

> 돈이 삶의 목표이며 주인인 것처럼 여겨지는 이 세상에서 하나님은 우리에게 그것을 다스릴 수 있는 강력한 힘과 자유를 주셨습니다. 유형과 무형의 모든 부요를 주시기 원하시는 그분의 마음과 언약을 잊지 마십시오. 하나님의 권세 아래 돈이 무릎 꿇고 하나님 나라를 위해서 쓰이기를, 사랑을 위해서 쓰이기를, 고통받는 이 세계를 구원하기 위해서 온전히 쓰이기를 축복합니다.

★ 십일조

주의! 사람들이 '하나님을 시험하라'는 말라기 3장 10절 말씀을 오해하는 이유는 하나님에 대한 신뢰를 중심에 놓지 않기 때문입니다. 그래서 '시험'을 하나님께서 우리의 탐욕을 이루어 주시는지 지켜보는 것처럼 생각하고, 그런 시험은 하면 안 된다고 제한합니다.

그러나 대부분의 생활 속에서 우리는 이미 각자의 기준과 가치를 가지고 하나님을 시험하고 있습니다. 하나님에 대한 믿음과 언약의 약속 없이 자기 기준으로 하나님을 대합니다. 십일조에 대한 언약에 관해서도 마찬가지입니다. 십일조를 율법적인 의무로 생각하며 마음이 무거워지거나, 자기 탐욕으로 하나님을 시험하고자 합니다.

그러면서 하나님의 약속을 꺼리고 믿지 않습니다. 사실 그 약속이 우리에게 불리하거나 두려워서라기보다는, 진짜라고 믿기에는 너무 좋고 쉽게 이루어지는 것 같아서 망설이는 것입니다.

⭐ 나의 어웨이크닝 포인트

*본문의 내용 중 새기고 싶은 문장이나, 읽으면서 깨달은 것을 적어 봅니다.

_____

_____

_____

_____

_____

그러므로 내가 첫째로 권하노니 모든 사람을 위하여 간구와 기도와 도고와 감사를 하되 임금들과 높은 지위에 있는 모든 사람을 위하여 하라 이는 우리가 모든 경건과 단정함으로 고요하고 평안한 생활을 하려 함이라 이것이 우리 구주 하나님 앞에 선하고 받으실 만한 것이니 하나님은 모든 사람이 구원을 받으며 진리를 아는 데에 이르기를 원하시느니라 하나님은 한 분이시요 또 하나님과 사람 사이에 중보자도 한 분이시니 곧 사람이신 그리스도 예수라

▌디모데전서 2장 1~5절

20. 기도: 도고에서 중보로

성령께서 그를 위해 탄식하며 하시는 기도에
기쁘게 동참하는 것,
그것이 중보입니다.

많은 사람들이 기도를 어렵게 생각합니다. 그러나 기도의 단순한 첫걸음은 먼저 말문을 트는 것입니다. 아기가 말을 처음 배울 때 "엄마, 아빠"라고 하는 것처럼, 살아 계신 하나님을 "아버지!"라고 불러보세요. 그분은 부요하시고 자원을 무한히 공급하시며 우리를 사랑하시는 분입니다.

기도의 초점은 듣는 것

아버지를 부르고 난 다음에 할 일이 있습니다. 바로 빌립보서 4장 6절 말씀처럼, 아무것도 염려하지 않는 것입니다. 염려는 걱정의 영을 불러일으킵니다. 염려가 슬그머니 올라올 때 "아버지는 살아 계십니다. 저와 우리 모두를 사랑하십니다. 감사합니다."라고 선포하십시오. 기도와 간구로, 우리의 구할 것을 감사함으로 구하라고 하신 그분의 말씀을 믿으십시오. 그 믿음을 실어 "아버지, 감사합니다."라고 아뢰십시오. 여기에 모든 신앙고백이 들어있습니다. 그러고 나서 삶에 있었던 모든 일과 하고 싶었던 말을 아뢰면 됩니다. 무엇보다도 아버지께 "사랑합니다."라고 고백하는 것이 중요합니다. 사랑의 마음을 담아서 자꾸 그분께 고백하세요.

기도한 것을 자세히 기록해보십시오. 믿음과 감사함으로 올려드린 것은 꼭 이루어집니다. 그러나 걱정하면서 강박적으로 기도한다든가, 꼭 이루어주셔야 한다고 떼를 쓰면서 때와 방식을 우리가 정해서는 안 됩니다. 하나님께서는 어떤 식으로든 응답하십니다. 우리의 뜻대로 응답되는 것, 혹은 그렇지 않은 것 모두 하나님의 응답이며 사랑입니다. 이것을 전적으로 신뢰하는 것이 아주 중요합니다. 하늘 아버지께서 가장 좋은 것을 알고 계심을 믿고 기도하십시오.

주님께 기도로 올려드리고 난 다음에는 '듣는 것'이 중요합니다. 우리의 마음을 올려드린 후에 바로 행동으로 옮기지 마세요. 사실 기도의 초점은 '듣는 것'에 있습니다. 그분께서 가장 좋은 것을 주신다고 믿으며 들을 준비를 해야 합니다. 믿음은 들음에서 나기 때문입니다. 기도에 대해 오해하는 이유는 듣지 않기 때문입니다. 우리는 하나님께 우리의 계획을 말씀드리고 그것을 이루어달라고 비는 것을 기도라고 생각합니다. 강박적으로 기도하고 그것이 이루어지지 않았을 때는 하나님을 원망합니다. 그러나 하나님은 우리에게 가장 좋은 것을 알고 계시고 무한히 공급하는 분이십니다.

그분의 말씀을 먼저 들으십시오. 자기 욕심과 뜻만 주장하면서 하는 기도는 기도가 아닙니다. 기도 훈련의 초점은 우리의 아버지이신 하나님의 뜻을 알기 위해 진리의 영의 인도를 받는 데 있습니다.

내 안에서 중보자께서 하시는 기도

우리를 위해 기도한 후에는 사랑하는 이웃들을 위하여 기도합시다. 중보기도는 단순히 누군가를 위해 기도하는 정도를 말하는 것이 아닙니다. 사도 바울은 디모데전서 2장 1절에 "그러므로 내가 첫째로 권하노니 모든 사람을 위하여 간구와 기도와 도고와 감사를 하되"라고 말합니다. '도고'는 다른 사람들을 위해 하나님께 고하는 기도를 말합니다. 그런데 모든 도고기도가 중보기도는 아닙니다.

디모데전서 2장 5절은 "하나님은 한 분이시요 또 하나님과 사람 사이에 중보자도 한 분이시니 곧 사람이신 그리스도 예수라"고 말씀합니다. 즉, 예수 그리스도만이 하나님과 인간 사이의 유일하신 중보자라는 것입니다. 중보기도는 하나님과 인간 사이에 중보자 되시는 예수 그리스도께서 우리를 위하여 하나님 아버지께 간구하시는 기도를 말합니다.

그런데 오직 예수님만이 중보자가 되신다면, 도고와 중보는 어떤 차이가 있을까요? 도고는 남을 위해서 고하는 것입니다. 영어로는 '중재(intercession)'의 뜻을 지니며 '기도의 대상과 하나님 가운데에서 중재한다'는 의미를 담고 있습니다. 그런데 도고기도를 할 때, 하나님과 사람 사이에 있으면서 중보자의 자격을 갖췄는지가 중요합니다. 그래서 중보기도는 내가 하는 것이 아니라 우리의 유일한 중보자 되시는 예수 그리스도의 영으로, 성령께서 하시는 기도를 따라서 기도하는 것입니다. 더 정확히 말하면 예수께서 '우리를 통해 우리 안에 내주하셔서' 영으로 중보하시며 기도하시는 것에 '참여하는 것'입니다. 중보기도는 예수께서 성령을 통해 우리 '안에서' 중보하시며 죄를 사하시는 기도입니다.

그래서 그분이 통로로 삼으신 우리의 마음이 중요합니다. 우리의 마음은 주님께서 거하시는 성전입니다. 오직 하나님 나라와 의만 이루어지도록, 자신의 많은 말로 기도하기보다는 성령께서 탄식하며 그를 위해 기도하시는 것에 기쁘게 동참하며 기도해야 합니다. 그리고 성령이 우리 안에서 하시는 말씀을 듣고 비추어 마음에 새기고 성령이 하시는 말씀을 전해야 합니다.

성령께서 중보의 처소로 삼으시도록 마음과 영을 내어드리십시오. 많은 말이 필요하지 않습니다. 성령께서 우리 안에서 탄식하며 그를 위해 기도하시는 것에 기쁘게 동참하는 것으로 충분합니다. 성령이 우리 안에서 하시는 말씀을 듣고 비추어 마음에 새기고, 그 영혼에게 성령께서 하시는 말씀을 전하십시오.

내어드리고 인도함을 받으라

유일한 중보자이신 예수 그리스도께서 우리 안에 계실 때 우리도 중보기도자로서의 자격을 갖출 수 있습니다. 우리의 생각과 선한 마음으로 도고기도를 시작할지라도, 어느 순간 우리 안에서 예수 그리스도의 영이 탄식하며 그 사람을 위해 기도하시는 것을 느끼게 됩니다. 중요한 것은 성령께서 그 사람을 위하여 기도하실 수 있도록 우리의 영과 혼과 몸을 내어드리는 것입니다. 그때 우리는 유일한 중보자이신 예수께서 우리안에서 중보하시는 것을 경험하게 됩니다. 이 지점이 도고에서 중보로 옮겨지는 과정입니다. 대부분 우리는 걱정으로 기도를 시작할 수 있습니다. 그것을 나쁘다고 생각할 필요는 없습니다. 계속해서 자신을 내어드리며 중보기도로 옮겨가면 됩니다. 때로 분심과 엉뚱한 생각들, 또 할 일들의 목록이 생각날지라도, 성령님과 함께 기도하는 것을 갈망하세요. 그럴 때 우리는 주님의 마음으로 옮겨가게 됩니다.

그러므로 누군가를 위해서 기도할 때 성령이 중보하시도록 우리의 마음과 영을 가만히 내어드리십시오. 그러나 기도의 초보자가 주님의 말씀이 들릴 때까지 가만히 있게 되면 온갖 잡생각과 분심만 늘어날 수 있습니다. 초보자일수록 기도에 올바른 길이 나도록, 통성기도와 방언 기도를 많이 하는 것이 좋습니다. 입을 열어 큰 소리로 계속 기도하다 보면 분심이 줄어들고 어느 순간, 주께서 내 안에서 기도를 인도하시는 것을 경험하게 하십니다.

 기도의 여정 중에 도고로 시작해서 욕망으로 끝나는 처절함을 경험할 때도 있습니다. 그럴 때도 너무 좌절하지 마세요. 우리가 욕망으로 기도하고 있다는 것을 알아차리면 됩니다. 그때 돌이켜 성령님을 구하면 하나님께서 성령을 보내주십니다. 다른 한편, 우리의 기도 제목과 상관없이 성령이 애타게 기도하시는 곳으로 우리의 마음이 옮겨지기도 합니다. 함께 모여 찬양하고 말씀을 읽으며 기도할 때도 그러한 일이 일어납니다. 성령은 진리의 영, 사랑과 일치의 영으로 오시기 때문입니다. 그러므로 진리를 잘 깨달아 우리 안을 살피는 것이 중요합니다.

 기도 훈련의 초점이 하나님의 뜻을 알기 위해 진리의 영의 인도를 받는데 있다는 것을 꼭 기억하세요. 길이 막힐 때 더 깊은 기도로 들어가 그분의 음성을 듣고 순종하는 훈련을 하십시오. 이런 경험들이 점점 쌓이면 주님의 임재 안으로 더욱 쉽게 들어가게 되고 기도의 성장이 일어납니다. 일상 속에서도 그분의 뜻이 무엇인지 점점 잘 식별하게 됩니다. 어느 순간 우리는 존재로, 영으로, 삶으로 기도할 수 있게 됩니다. 일상 가운데에서도 하나님의 뜻이 무엇인지 점점 잘 분별하게 되고 그분의 뜻대로 사는 것이 더 쉬워집니다.

 무엇보다 우리의 기도는 십자가의 능력과 사랑 안에서 악한 영들을 이기는 영적 전쟁을 통해 성장합니다. 실천적 삶은 인간적인 선을 행하는 것과 다릅니다. 실제로 악한 영들과 영적으로 싸워서 승리했다는 것을 의미합니다. 이런 내공이 우리 안에 쌓일 때 기도는 점점 자라납니다. 예수께서 우리를 생명의 법으로 다스려주시는 경험들이 점점 쌓이면, 우리는 성령과 하나라는 것을 매우 자연스럽게 경험하게 될 것입니다. 다른 사람을 위해서 하는 모든 선행 중에 가장 선한 것은 그 사람을 위해 기도하는 것입니다. 누군가의 삶의 우선순위와 지향성을 바꾸어 가장 복된 삶으로 전환하게 하는 것, 구원받고 회개하여 성령이 주시는 가장 좋은 선물을 받게 하는 것, 그것이 누군가를 사랑하는 가장 좋은 선행입니다. 그 지고한 선의 통로로 주님께서 우리를 불러주셨으며, 우리를 성전으로 삼으셔서 가장 아름다운 선을 이루십니다.

 우리는 기도합니다

 주님, 주님께서 제 안에 거하시면서 자유롭게 역사하실 수 있도록 마음을 내어드립니다. 유일한 중보자 되신 예수 그리스도시여, 제 안에서 자유롭게 주님의 뜻을 말씀하시고 이루어 주소서. 우리의 걱정과 강박을 따라서가 아니라, 성령께서 우리 안에서 하시는 말씀을 그대로 받아 새기는 것이 얼마나 기쁜지요. 이 기도가 우리의 삶이 되기를 원합니다. 우리의 존재 자체가 당신께서 기쁘게 받으시는 기도가 되기를 원합니다. 진리의 영이신 성령님, 우리를 인도하여 주시옵소서.

성령께서 탄식하며 하시는 기도에 기쁘게 동참하는 것, '중보'

★ 어웨이크닝 포인트

기도 훈련의 초점은
우리의 아버지이신
하나님의 뜻을 알기 위해
<u>진리의 영의 인도를 받는 데 있다.</u>

아버지가 가장 좋은 것을
알고 계신다는 것을 전적으로
신뢰하면서 기도하라.

<u>듣는 것이 중요하다.</u>
<u>바로 행동하면 안 된다.</u>
믿음은 들음에서 난다.

중보기도는
누군가를 위해 기도하는
정도가 아니라

<u>우리의 유일한 중보자 되시는</u>
<u>예수 그리스도의 영으로</u>
<u>성령께서 하시는 기도를 따라서</u>
<u>기도하는 것이다.</u>

기도는
십자가의 능력과 사랑 안에서
악한 영들을 이기는
영적 전쟁을 통해 성장한다.
실제로 악한 영들과 싸워보며
기도는 점점 자라난다.

★ 기도의 첫걸음, 아버지를 불러보세요

① "아버지!"라고 불러보세요.
부요 하시고 자원을 무한히 공급하시며 우리를 사랑하시는
살아 계신 아버지를 "아버지!"라고 불러보세요.

② 아무것도 염려하지 마세요. 염려가 올라올 때 선포하십시오.
"아버지는 살아 계십니다. 저와 우리 모두를 사랑하십니다.
아버지, 감사합니다!"

③ 우리가 하고 싶은 말을 아룁니다.
기도한 것을 자세히 기록해보는 것도 도움이 됩니다.

무엇보다도 아버지께 사랑한다고 고백하는 것이 중요합니다. 사랑의 마음을 담아서 수시로 그분께 고백하세요. "아버지, 사랑합니다."

⭐ 누군가를 사랑하는 최고의 선행, 기도

사랑하는 이웃들을 위하여 기도합니다.
이때 그분이 통로로 삼으신 우리의 마음이 중요합니다.
자신의 많은 말로 기도하기보다는
성령께서 그를 위해 기도하실 수 있도록 마음과 영을
내어드리십시오.
그 영혼에게 성령께서 하시는 말씀을 전하십시오.

기도의 초보자일수록 기도에 올바른 길이 나도록 통성기도와
방언기도를 많이 하는 것이 좋습니다.
분심이 줄어들고 어느 순간, 주께서 내 안에서 기도를
인도하시는 것을 경험하게 하십니다.

중보기도를 할 때 걱정이나 욕망, 분심,
할 일들의 목록이 생각날 수 있습니다.

너무 좌절하지 마세요. 알아차리면 됩니다.
돌이켜 성령님을 구하면 하나님께서 성령을 보내주십니다.
진리의 영이 우리 안을 비춰주시도록 하십시오.

다른 사람을 위해서 하는 모든 선행 중에 가장 선한 것은
그 사람을 위해 기도하는 것입니다. 그 사람이 구원받고 회개하여
성령이 주시는 가장 좋은 선물을 받도록 기도하십시오.
기도는 누군가를 사랑하는 가장 좋은 선행입니다.

⭐ 나의 어웨이크닝 포인트

*본문의 내용 중 새기고 싶은 문장이나, 읽으면서 깨달은 것을 적어 봅니다.

.

아버지여, 아버지께서 내 안에, 내가 아버지 안에 있는 것 같이 그들도 다 하나가 되어 우리 안에 있게 하사 세상으로 아버지께서 나를 보내신 것을 믿게 하옵소서
요한복음 17장 21절

21. 일치: 가장 아름다운 연합

기도는 사랑을 위해
영혼을 조율하는 과정이다.

성령께서 오실 때 우리는 그분이 언제나 옳으시며 우리에게 주신 생명이 정말 놀라운 것임을 깨닫게 됩니다. 그러나 사람들은 '생명'이라는 말을 땅 위의 흔한 돌처럼 아무 감흥 없이 사용하곤 합니다. 하나님께서 선물로 주신 '믿음'이나 '순종'이라는 말에도 별다른 감흥을 느끼지 못합니다. 그러나 그 생명이 얼마나 놀라운 것인지 가만히 생각해 보세요. 신적 생명이 예수 그리스도를 통해 그분의 몸인 우리에게 주어졌습니다. 그것은 우리가 상상할 수 있는 어떤 것보다도 아름답고, 선하며, 전능합니다.

많은 위대한 영성가들이 고민한 지점이 바로 하나님과의 일치였습니다. 사실 초월적인 하나님과 하나가 되는 것은 인간인 우리가 생각조차 할 수 없는 일입니다. 그러나 예수님을 통해 그 기적이 가능해졌습니다. 다른 일이 기적이 아니라 예수님이 이 땅에 오신 것 자체가 기적입니다. 우리가 예수님을 통해 하나님과 화해하고 일치할 수 있음이 기적입니다. 예수님은 보통 사람들의 상식으로는 상상할 수 없는 방식, 즉 동정녀의 태를 통해 이 땅에 오셨고, 십자가의 죽음과 부활을 통해 당신의 생명을 우리에게 주셨습니다.

그래서 우리의 유일한 기도 제목은 이 생명을 구하는 것입니다. 생명이신 성령께서 우리에게 오셔서 우리가 그분께 합할 수 있도록 기도하면 됩니다. 다른 것은 더 필요하지 않습니다. 그러나 우리는 거꾸로 기도합니다. 우리가 먼저 기준과 생각을 정하고 하나님이 거기에 따라주시기를 바랍니다. 이제 우리의 기도는 바뀌어야 합니다. "주님의 생명 안에 모든 것이 있습니다. 주님의 뜻이 가장 옳고 좋기에 저는 그 뜻을 따르고 싶습니다."라고 말입니다.

일치의 비밀: 전적 믿음

기도에 대한 이 단순한 비밀을 알기 어려운 이유는 두 가지 잘못된 믿음 때문입니다. 하나는 '하나님이시라도 이 일은 절대 해결하지 못하실 것'이라는 제한된 믿음이며, 다른 하나는 '내가 부족하기 때문에 하나님이 기도를 들어주지 않으실 것'이라는 자신에 근거한 믿음입니다. 이러한 경우, 은연중에 스스로 미리 결론을 내고 기도하지 않거나 하나님의 뜻을 제한하는 것, 바로 이것이 가장 큰 불신이며 곧 죄입니다. 우리가 해야 하는 유일한 기도는 하나님께서 우리를 너무 사랑하셔서 이미 다 이루어놓으셨음을 믿는 것입니다. 하나님께서는 그분의 시간의 비밀 안에서 이미 가장 좋은 것을 모두 예비해 놓으셨습니다.

주님이 우리에게 원하시는 것은 바로 이 믿음밖에 없습니다. 하나님께서 사랑이시라는 것과 그분이 주시는 생명은 놀라운 기적 같은 영원한 생명이라는 것, 단순하게 믿는 것입니다. 기도할 때 먼저 내 안에 예수 그리스도를 통한 신적 생명이 있다는 사실을 믿고 선포하십시오. 그 선물을 받아들이기만 하면 됩니다. 그런데 우리는 받아들이는 것조차 너무나 어렵습니다. 내 기준에 맞아야 하고 이미 내 안에 가득 채워놓은 것이 많기 때문입니다. 그분과 하나가 되는 연합의 유일한 비밀은 그저 단순하게 그것을 믿는 믿음입니다.

어둠의 세력과 권세자들은 우리가 하나님과 하나가 되는 것을 너무도 두려워하고, 수단과 방법을 가리지 않고 방해합니다. 중력처럼 우리를 계속해서 끌어당기는 어둠의 세상에서 이 단순한 하나 됨을 실현하는 것이 참 어렵습니다. 두려움과 유혹이 우리를 하나님과 하나 되지 못하게 방해합니다. 그래서 매 순간 주님의 뜻과 생명에 일치하도록 계속 주파수를 맞춰야 합니다. 어떻게 주님과 하나가 될지 구체적으로 떠올리며 기도해 보세요. 그 방식은 각자의 형편과 상황에 따라 자유롭게 하면 됩니다. 다만 기억할 것은 그분이 우리와 함께하신다는 것입니다.

많은 종교가 복잡한 교리를 이야기하지만, 기독교는 오직 이 영원한 생명에 대한 믿음만 있으면 충분하다고 말합니다. 그러나 세상은 이 단순한 복음의 진실을 복잡하게 만들려고 합니다. 삶의 많은 관념과 여러 가지 고통스러운 기억, 상처, 감정들이 우리의 단순한 믿음을 방해합니다. 기도하면서 가장 먼저 떠오르는 분심들이 그것입니다. 그 생각들은 대부분 하나님과 일치하지 않은 생각들입니다. 그때 단순히 이렇게 기도하면 됩니다. "주님, 제 영이, 생각과 감정이 성령님과 하나 되기를 원합니다." 생각과 감정, 우리의 행동이 영과 합하여 행동으로 드러나고, 이것이 쌓여 우리의 삶을 이룹니다. 그래서 삶이 바뀌기 위해서는 우선 성령과 하나 되는 기도가 무엇보다 중요합니다. 간절히 그것을 '원할 때' 주님께서 우리의 소원과 계획을 주님의 크신 계획 안에 안착시켜 주십니다. 연합이란 내가 없어지는 것이 아니라, 하나님이라는 더 큰 차원 안에서 우리의 모든 것들이 살아 있게 하는 것입니다. 마치 바다라는 큰 차원 안에서 고래, 새우, 그 모든 것들이 생명을 누리는 것처럼 말입니다.

일치의 기도가 맺는 열매

우리의 꿈과 주님의 꿈을 대립시켜 싸울 필요가 전혀 없습니다. 성령께서 우리에게 충만하실 때 주님의 꿈은 내 꿈이 되고, 주님의 꿈은 우리를 통해 이루어집니다. 우리가 성령의 임재 가운데 있을 때 예수님의 생명이 내 눈과 귀, 입술을 통해 나타납니다. 예수님의 영이 사랑으로 나와 하나가 되어 있기 때문입니다. 이 일치만큼 놀랍고 달콤한 것이 없습니다. 기도 중의 기도는 하나님과의 사랑의 연합입니다. 그때 우리는 진정한 자신과도 연합됨을 알게 됩니다. 또 하나님 나라가 이 땅에 실현되는 진정한 세상과의 연대도 가능함을 알게 됩니다. 그러므로 우리가 제일 귀하게 여겨야 할 것이 이것입니다. 우리의 모든 것을 바쳐 하나님과 일치하는 삶을 살 수 있다면 우리의 인생은 이미 완전합니다. 소진하게 하는 다른 것에 마음을 빼앗기지 말고 이 연합에 모든 마음을 쏟으십시오. 우리의 생각과 감정이, 꿈과 계획이 주님과 하나가 되어 있나요? 매 순간 주님께 주파수를 맞춰 봅시다. 어려울 것 같나요? 가능한 이유가 있습니다. 하나님께서 사랑이시기 때문입니다. 아무리 미약할지라도 그분을 사랑하는 마음을 신뢰로 올려드리고 순종하기만 하면, 주님께서는 우리와 함께 당신의 꿈을 이루십니다.

하나님과 일치된 우리는 사람들과 일치를 이루어야 합니다. 어떤 사람이 바른 길을 가고 있지 않은데도 그에게 맞추어 주어야 한다는 뜻이 아닙니다. 사람과 하나가 되는 비밀 역시 성령과 하나가 되는 것에 있습니다. 기도할 때 주님과 일치하여 중보 대상자를 바라봅니다. "주님, 그 사람이 주님의 마음에 합하게 도와주세요! 그것을 위해 제가 통로로 있기를, 저의 인식이 주님의 인식과 합하기를 원합니다." 이렇게 기도하십시오.

우리는 나름대로 선하다고 생각하는 기준들을 가지고 있습니다. 때로는 인간적인 생각으로 사람을 배려하고 위로하려는 시도도 있습니다. 그 사람이 상처를 받을까 봐, 걱정하는 척이라도 해야 할 것 같아서, 관계가 언짢아지면 서로 불편하니까 등의 이유로 사람들의 마음을 살핍니다. 그러나 정말 중요한 것은 우리의 마음과 태도가 그 사람을 향한 주님의 마음이 되는 것입니다. 세상과 사람들과의 관계 속에서, 그리고 모든 것 속에서 하나님과 하나가 되십시오. 우리의 눈과 귀가 주님의 눈과 귀와 같아지게 해 달라고 기도하십시오. 주님의 그 마음이 우리의 마음이 될 때, 우리는 비로소 그 사람을 진심으로 사랑한다는 것이 무엇인지 알게 됩니다.

연합의 비밀을 아는 자들

성령과 자신이 일치되고, 또 서로가 일치된 사람들이 모인 곳이 교회입니다. 그러므로 교회는 연합의 비밀을 아는 곳입니다. 마치 삼위일체이신 하나님이 하나 되심과 같이 연합의 비밀이 교회에서 이루어집니다. 오직 하나 되게 하시는 성령 안에서 우리는 자기 자신과, 또 우리 모두와 화해를 이룰 수 있습니다. 이때 주님께서 주시는 위대한 선물이 있습니다. 바로 평화입니다. 모든 갈등과 분열에서 해방된 사람들—하나님과 하나가 되고, 진정한 자신과 하나가 되고, 주님이 보시는 관점에 일치한 사람들—이 모였을 때, 하나님께서는 "천국이 너희 가운데 있다."라고 말씀하십니다. 우리의 기도는 천국을 이 땅에 도래하게 합니다. 이 일치의 기도가 우리의 삶에서 충만해지기를 축복합니다. 다른 것이 더 필요하지 않습니다. 우리 안에서 전능하신 예수 생명이 움직이시기 때문입니다. 그 생명이 움직이는 대로 계획하고 행동하는 것이 삶의 승리와 행복의 비밀입니다.

 일치의 기도가 너무 이상적이라고 생각하면서 미리 포기하지 마십시오. 우리에게 초점을 두지 말고 그분께 초점을 두면서 신뢰하고 믿음으로 감사하십시오. 단 한 순간이라도 하나님과의 사랑에 연합하는 것만큼 기막힌 기도는 없습니다. 우리가 성령의 임재 가운데 있을 때 예수께서 생명으로 말씀하시기 때문입니다. 예수 생명이 내 입술을 통해서 말씀하시고, 내 눈을 통해서 보십니다. 예수 생명이 내 귀를 통해서 들려오고 느껴집니다. 예수의 영이 나의 영과 하나가 됩니다. 우리가 주님의 마음에 일치하여 기도하지 못하는 이유는 연약함이 아니라 오히려 강함에 있습니다. 예수님 대신 다른 어떤 것과 강하게 일치하고 있기 때문이지요. 예수 생명 대신 다른 권세, 육신의 안목, 이생의 자랑, 혹은 우리 안에 자리 잡은 고정관념과 습관, 가치관이 우리를 온통 사로잡고 있기 때문입니다.

 주님께서 응답하시는 때와 방식에 맞게 모든 것이 아름답고, 순적하게 이뤄지는 것을 보게 될 것입니다. 그러니 기도할 때 우리의 마음에 질문을 던져 보세요. '내가 주님 대신 다른 것과 일치하고 있지 않나?', '주님이 주시는 마음은 두려워하는 마음이 아니라고 하셨는데, 마음에 분심이 생기고 걱정되는 이유가 무엇일까? 그 뿌리에는 무엇이 자리 잡고 있나?' 주님께 도우심을 구하며 마음을 올려드릴 때, 주님께서 사랑으로 역사하시며 우리 마음을 조율하실 것입니다. 삶의 계기마다 우리 삶에 구석구석 숨겨져 일치하지 않고 있는 영역들을 벗겨주실 것입니다. 그리고 마침내 영원한 생명 되신 주님의 마음으로 우리를 충만하게 인도해 주실 것입니다.

우리는 기도합니다

영원한 생명이 되시는 주님, 우리가 당신 안에서 생명의 능력과 풍요로움을 마음껏 누리기를 원합니다. 그리하여 주님께서 우리 안에 오셔서 우리를 충만하게 하실 때, 모든 갈등과 분열, 깨어진 영역들이 회복되기를 원합니다. 예수 생명이 우리를 살리고 일치의 기도가 이 땅을 살리는, 주님의 일을 목도하게 하옵소서.

Review

기도는 사랑을 위해
영혼을 조율하는 과정이다

★ 어웨이크닝 포인트

우리의 기준과 생각을 정하고
하나님이 따라 주시기를
바라는 기도를 하지는 않는가?

**우리는 다른 것과 일치하고 있을 때
하나님의 때와 방식을
신뢰하지 못한다.**

응답받기 어려운 기도: 이상한 믿음
1) 하나님이시라도 이 일은
   절대 해결하지 못하실 거야.
2) 내가 부족하기 때문에 하나님이
   기도를 들어주지 않으실 거야.

우리는 믿지 않는 게 아니라
이상한 것을 믿는다!

주님이 요구하시는 믿음

기적과도 같은 신의 생명을
선물로 우리에게 주셨습니다.
그분이 우리를 너무 사랑하시기
때문에 주신 것이다.

우리는 그 선물을
받아들이기만 하면 된다.

**우리가 그분의 마음에 합하기만 하면
성령께서 우리 안에 거하시기만 하면
예수 생명이 우리 안에 거하기만 하면
우리는 이미 승리하였다는 것을.**

그것이 우리를 사랑하시는
그분의 뜻이라는 것을.
이미 그것을 이루어놓으셨다는 것을.

☑ 체크 포인트

① 내가 주님 대신 다른 것과 일치하고 있지는 않나?
② 주님이 주시는 마음은 두려워하는 마음이 아니라고 하셨는데, 마음에 분심이 생기고 걱정되는 이유가 무엇일까? 그 뿌리에는 무엇이 자리 잡고 있나?

⭐ 기도의 방향을 바꾸며

내 뜻이 아니라 주님의 뜻에,
주님의 생명에 하나가 되는 것에,
계속 주파수를 맞춰야 합니다.

나의 생각과 계획이 완전히 주님의 뜻 안에서 합하기를,
그것을 깨닫게 해 달라고 기도합시다.

그분을 사랑하는 마음을 올려드리십시오.
주님께서는 우리와 진정으로 하나가 되기를 원하십니다.
'하나님과의 사랑의 연합'만큼 기가 막힌 기도는 없습니다.

주님, 제 영이, 생각과 감정이 성령님과 하나 되기를 원합니다.

주님의 생명 안에 모든 것이 있습니다.
주님의 뜻이 가장 옳고 좋기에 저는 그 뜻을 따르고 싶습니다.

주님, 그 사람이 주님의 마음에 합하게 도와주세요!
그것을 위해 제가 통로로 있기를,
저의 인식이 주님의 인식과 합하기를 원합니다.

생명이신 성령께서 우리에게 오셔서,
우리가 그분께 합할 수 있도록 도와주십시오.

⭐ 나의 어웨이크닝 포인트

*본문의 내용 중 새기고 싶은 문장이나, 읽으면서 깨달은 것을 적어 봅니다.

_____

_____

_____

_____

_____

BOR
NAG
AIN

Epilogue

새사람들이 만들어가는 하나님 나라

모든 생명은 다 연결되어 있습니다. 하나가 병들면 다른 것도 병들게 되어 있습니다. 나라 간 교역이 발달한 국제화 시대를 살아가는 우리는 이 세계가 더 이상 개체적인 존재로서 혼자만 잘사는 것이 불가능하며 힘든 구조라는 사실을 깊이 인식하게 되었습니다. 특별히 코로나바이러스 감염 사태를 통해 그 사실을 모두가 명확히 깨닫게 되었습니다. 우리 모두는 연결되어 있습니다. 이러한 세계에서 새사람으로 산다는 것은 하나님 나라를 꿈꾸며 우리와 연결된 세계를 함께 살린다는 뜻입니다.

살림은 윤리적 실천의 문제라기보다, 온 피조계가 당면한 근본적인 생명의 문제입니다. 우리는 이 사실을 역사적 사실과 경험을 통해 분명하게 인식해야 할 시점에 와 있습니다. 우리는 더 이상 옛사람의 방식으로 새로운 세계를 만들 수 없습니다. 그럴 가능성조차 없습니다. 이제는 옛 방식으로부터 돌아서야 합니다. 오직 새로운 생명을 받은 새로운 사람만이 변화를 이루어낼 수 있습니다. 이것은 새로운 세계를 만들어 가는 아주 중요한 원리입니다.

자신을 찾아온 니고데모에게 예수님은 요한복음 3장 3~5절에서 말씀하십니다. "진실로 진실로 네게 이르노니 사람이 거듭나지 아니하면 하나님 나라를 볼 수 없느니라. 진실로 진실로 네게 이르노니 사람이 물과 성령으로 나지 아니하면 하나님의 나라에 들어갈 수 없느니라." 우리는, 그리고 교회는 이 말씀 앞에 정직하게 서야 합니다. '위로부터 다시 나지 않으면, 새로운 사람으로 새로운 생명을 품고 다시 탄생하지 않으면 하나님 나라를 볼 수도 없고 만들 수도 없다'고 말입니다. 또 언제 하나님의 나라가 도래하는지 묻는 바리새인들에게 예수님은 누가복음 17장 20~21절에서 "하나님 나라는 여기 있다, 저기 있다, 그렇게 말하지 못한다. 하나님 나라는 너희 안에 있다."라고 선언하십니다. 이때 '안'의 의미는 'in'(안)이면서 동시에 'among'(가운데)이기도 합니다. 이처럼 하나님 나라는 새로 거듭난 하나님을 믿는 각 사람의 마음에 분명하게 있지만 이러한 사람들이 모이는 그 가운데, 공간 가운데, 그리고 역사 가운데에도 동시에 있습니다.

 따라서 우리는 새로운 생명으로, 새사람으로 거듭나는 일에 집중하면서 각 사람의 심령을 깨우는 일에서 한 걸음 더 나아가야 합니다. 앞서 거듭난 사람들을 통해 하나님의 나라가 이 세상에서 구현될 수 있습니다. 그것은 오직 거듭난 자만이 할 수 있다는 것을, 우리는 직관적으로 알 수 있습니다. 새로운 세계는 영과 진리로 새롭게 된 자, 곧 예수 생명이 그 안에 있는 사람들만이 이루어 낼 수 있는 나라입니다. 그렇지 않으면 우리는 이기적인 자기 자신을 추구하고 세속성을 생각할 수밖에 없습니다. 경쟁하고 남을 죽임으로써 내가 사는 방식을 선택하고 추구하게 되어 있습니다. 끊임없이 탐욕을 부리면서 살게 되어 있습니다. 그러므로 우리의 교회가 예배와 기도와 교제를 통해 이 새사람이 태어나는 것에 집중해야 합니다. 거듭나기 전의 옛사람은 이 세상과 자기에게만 온통 관심을 두고 있다는 사실을 분명하게 인식하십시오. 옛사람은 신앙이 있어도 형식적인 종교 생활만을 추구하면서 자기만족에 급급하고 있음을 인식하십시오. 교회는 다시 태어난 사람들이 아버지의 뜻에 따라서 하나님 나라에 관심을 두고, 하나님 나라를 실현하는 일을 위해 세상으로 뻗어 나가도록 해야 합니다.

거듭나기 전의 옛사람의 속성에 대해 에베소서 4장 22~24절은 이야기합니다. "너희는 유혹의 욕심을 따라 썩어져 가는 구습을 따르는 옛 사람을 벗어 버리고 오직 너희의 심령이 새롭게 되어 하나님을 따라 의와 진리의 거룩함으로 지으심을 받은 새 사람을 입으라" 중요한 것은 새사람의 기초가 하나님의 나라를 향한 사랑, 인류를 향한 사랑에 있다는 것입니다. 더 나아가 하나님의 기적 같은 생명을 주시기 원하시는 그분의 마음에 있습니다.

요한복음 3장 16절은 "하나님이 세상을 이처럼 사랑하사 독생자를 주셨으니 이는 그를 믿는 자마다 멸망하지 않고 영생을 얻게 하려 하심이라"고 말합니다. 영원한 생명은 단순히 무기한 사는 문제가 아닙니다. 영원의 하나님 나라가 이 땅에 임하는 그 시간을 산다는 것입니다. 영원의 생명을 사는 사람들은 잠깐 살아도 영원을 사는 것이며 우리의 짧은 생이 다한 후에도 영원의 나라에 삽니다.

새사람의 비전은 우리가 꿈꾸는 것이 아닙니다. 하나님의 생명의 계획을, 그 사랑의 계획을 받아들이는 것에서부터 시작됩니다. 우리 모두가 그렇게 살기를 아버지는 원하십니다. 먼저 하나님이 우리를 사랑하셨다는 사실을 알고 그것을 전해야 합니다. 생명으로 태어나게 해야 합니다. 하나님 그 자신에 대하여 분명하게 말씀하신 그 진리를 알려야 합니다. 하나님 아버지가 누구신지, 그분이 어떤 성정을 갖고 계신지, 그분이 얼마나 우리를 사랑하시는지, 그리고 이 세계를 위해서 무엇을 계획하셨는지에 대해 가르쳐야 합니다. 증거 해야 합니다. 진리의 말씀이 퍼져나가야 합니다.

다음으로 하나님이 우리 모두에 대해서 알게 하시는 그것을, 우리가 알아야 합니다. 아버지의 시각으로 말씀해주신 새사람에 대한 것을 알려야 합니다. 또 그대로 살면 반드시 멸망한다고 가슴 아프게 말씀하신 옛사람에 대해 사람들에게 알려야 합니다. 마지막으로 하나님이 새로운 세계를 우리에게 맡기셨다는 것을 알려야 합니다. 그 일은 성령의 바람이 불면 언제나 일어나는 일입니다. 성령이 우리에게 오셔서 하시는 일은 아직도 새로운 미래의 행전으로 남아있습니다. 성령은 우리 각 사람에게, 그리고 각 교회와 공동체에 임하고 각 시대를 깨우면서 신호(sign)를 주십니다.

공동체의 영이신 성령께서 지금, 바로 이곳에서 우리에게 하나님 나라와 의에 대해서 말씀하십니다. "그 새로운 나라를 너희들이 구현해야 한다"고 명하십니다. 그 나라를 위해서 우리가 하나님께 용납되었습니다. 그것이 허물 많고 죄 많은 우리가 감히 받아들여진 이유입니다. 우리는 그 가치 있는 일들을 위해서 창조되었습니다. 하나님은 굉장히 구체적인 계획을 갖고 계십니다. 우리는 하나님의 계획을 기도와 예배 가운데 들어야 합니다. 예배는 자기 위안이나 만족이 아닙니다. 그렇게 되면 예배가 아편이 됩니다. 예배는 그런 정도의 일이 아닙니다.

주님께서 성령을 통해 우리의 유일회한 삶을 "복되고 가치 있는 위대한 삶으로 살아라" 하고 말씀하십니다. 우리는 말씀 앞에서 결단해야 합니다. 우리는 하나님 나라의 대안적 삶에 대해 추구하고, 꿈꾸고, 그분이 보여주신 것을 이루고자 합니다. 어떻게 하나님의 뜻대로 다스려지는 삶을 살 수 있을까? 어떻게 경제적인 문제를 그분의 뜻 가운데 해결하며 나갈까? 어떤 삶의 모델(model)을 만들까? 어떻게 사람들을 치유하고 살릴까? 어떻게 '살림'의 문화를 만들고 교육을 할까? 어떻게 영성적이고 공동체적인 새로운 사회의 대안을 마련할 수 있을까? 우리가 꿈꾸는 비전은 바로 그런 것들입니다.

비전을 실천하려는 행위에 앞서, 가장 우선되는 것은 하나님의 크신 사랑을 기억하는 것입니다. 비전은 그 일을 행할 수 있는 새생명에 관한 것입니다. 거듭난 사람이 받는 우리 안의 새로운 생명, 그 일을 하시는 주체이신 예수 그리스도의 생명에 대해 기억하십시오. 그것은 아무리 강조해도 지나치지 않습니다. 그것을 방해하는 죄와 사단의 실체를 분명히 이해하고, 속지 않고 올바르게 사랑해야 합니다. 우리는 그것을 계속 증거하고, 교회를 통해 사람들을 깨우고, 계속해서 새사람들을 탄생시킬 것입니다. 세상을 변화시키는 힘이 내 안에 계신 예수 생명께서 하신다는 사실을 온전히 믿어야 합니다.

사단은 자꾸만 우리의 눈을 좁게 만듭니다. 이기적으로, 이웃과 자연을 짓밟으면서 살게 합니다. 우리는 이제 함께 살아가는 대안을 이야기해야 합니다. 우리는 서로 사랑하도록 지음 받았습니다. 그리고 새로운 세상을 창조하도록 지음 받았습니다. 더 가치 있는 미래를 위해서, 이 시대의 고통을 함께 짊어지며 해결하도록 지음 받았습니다. 이 시대를 치유하고 회복시키며 새로운 생명을 탄생시키기 위해, 그것을 모두가 향유할 수 있도록 힘써야 합니다. 자연과 동물을 비롯한 지구 생태계의 위기 앞에서, 문화적 타락과 교회의 문제에 대해서, 진정한 교육의 영성적 방향에 대해서, 시대적인 과제에 대해서 고민해야 합니다.

새사람이 누리는 새생명과 새사람이 만들어가는 하나님 나라의 복된 삶의 네 가지 목표가 있습니다. 첫 번째는 구원받아 거듭난, 기적 같은 신의 생명을 얻은 새사람이 되는 것입니다. 두 번째는 다른 사람을 사랑하며 복된 삶에 초대하여 같이 누리는 것입니다. 세 번째는 이 세상과 전혀 다른 방식의 창조적인 삶의 방식을, 예수님의 생명으로 실질적으로 살아내며 대안을 제시하는 것입니다. 마지막으로, 그 비전을 품고 이 시대를 향해 하나님 나라의 의와 선함이 무엇인지를 보여주고 섬기는 것입니다.

이것이 새사람이 만드는 하나님의 나라입니다. 우리 모두가 그런 새생명으로 거듭나기를 축복합니다. 그 하나님 나라를 꿈꾸면서 진정으로 복되고 가치 있는 일에 우리의 자원·시간·공간·재정을 드리기를 원합니다. 우리를 통해 놀라운 하나님의 나라와 의를 구현하는 예수 공동체가 도래하기를 간절히 소원합니다.